Paul J. J. Welfens /
Arthur Korus / Tony Irawan

Transatlantisches Handels- und
Investitionsabkommen

**Europäische Integration und
Digitale Weltwirtschaft**

Herausgegeben von Paul J. J. Welfens

Europäisches Institut für Internationale
Wirtschaftsbeziehungen (EIIW) e.V. an der
Bergischen Universität Wuppertal

Band 8: Transatlantisches Handels- und Investitionsabkommen

Handels-, Wachstums- und industrielle Beschäftigungs-
dynamik in Deutschland, den USA und Europa

Paul J.J. Welfens
Arthur Korus
Tony Irawan

Transatlantisches Handels- und Investitionsabkommen

Handels-, Wachstums- und industrielle Beschäftigungs-
dynamik in Deutschland, den USA und Europa

 Lucius & Lucius · Stuttgart · 2014

Anschrift der Autoren:
Prof. Dr. Paul J. J. Welfens, Dipl.-Volksw. Arthur Korus, M. App. Ec. Tony Irawan, Europäisches Institut für Internationale Wirtschaftsbeziehungen (EIIW) an der Bergischen Universität Wuppertal
Rainer-Gruenter-Straße 21, 42119 Wuppertal
http://www.eiiw.eu

Bibliografische Information der Deutschen Nationalbibliothek
Die Deutsche Nationalbibliothek verzeichnet diese Publikation in der Deutschen Nationalbibliografie; detaillierte bibliografische Daten sind im Internet über http://dnb.d-nb.de abrufbar.

ISSN 1868-0607
ISBN 978-3-8282-0603-8

© Lucius & Lucius Verlagsgesellschaft mbH Stuttgart 2014
Gerokstr. 51, 70184 Stuttgart
www.luciusverlag.com

Druck und Einband: Rosch-Buch, Scheßlitz
Printed in Germany

Vorwort

Das zwischen den USA und der EU geplante Transatlantische Handels- und Investitionsabkommen (aus US-Sicht Transatlantic Trade and Investment Partnership: TTIP) könnte die größte Freihandelszone der Welt herstellen und hätte schon von daher globale Bedeutung. Denn die USA und die EU stehen für die beiden größten Produzenten der Welt und abgesehen von China auch für die größten Handelspartner. Im Vordergrund steht der Abbau der Nicht-Zollbarrieren, die in einigen Sektoren erheblich sind; der Abbau der im Industriebereich geringen Zollsätze spielt nur eine Nebenrolle. Es geht bei TTIP aber nicht nur um große Handelspartner, sondern auch um die beiden größten Quellenländer von Direktinvestitionen und damit rückt auch die Anpassungsdynamik der multinationalen Unternehmen mit in die Betrachtungsperspektive. Die transatlantische Standortkonkurrenz wird sich verschärfen, ebenso der intraindustrielle Handel – der Handel mit ähnlichen Produkten –, der Wettbewerbsintensivierung und einen langfristig deutlich verstärkten Innovationswettbewerb erwarten lässt.

Von besonderem Interesse sind hier die Anpassungsprozesse in der Industrie, wobei in der vorliegenden Studie für die Hans Böckler-Stiftung der analytische Fokus insbesondere auf den Sektoren Automobilwirtschaft, Chemie, Pharma, Informations- und Kommunikationstechnologie und Maschinenbau liegt. Dies sind die in Produktion und Außenhandel wichtigsten Sektoren, deren Analyse daher besonders relevant ist. Mit teilweisen Ausnahmen im Chemie- und Automobilsektor können die genannten Sektoren von der jeweiligen Beschäftigungsstruktur als relativ qualifikationsintensiv gelten, so dass auch gefragt werden kann, wie sich TTIP kurz-, mittel- und langfristig auf die relative Nachfrage nach Qualifizierten und ungelernten Arbeitnehmern auswirken wird.

In der vorliegenden Studie wird die Analyse von TTIP zunächst auf Basis bestehender Außenhandelsanalysen entwickelt, die zum Teil unplausible Resultate liefern. Dann wird auf Basis von Input-Output-Analysen eine 20%-Exportsteigerung in den genannten Sektoren für Deutschland, die EU und die USA simuliert, was hier für einen langfristigen Zeithorizont – etwa zehn Jahre – als relevante Größenordnung eingeschätzt wird. Die Ergebnisse sind im Vergleich Deutschland-USA teilweise sektoral unterschiedlich (weniger im Vergleich USA-EU), wobei im Übrigen auch die Wirkungen auf vor- und nachgelagerte Sektoren erstmals untersucht werden. Insgesamt könnten sich für Deutschlands Industrie positive langfristige Beschäftigungseffekte von etwa einer halben Million zusätzlicher Jobs ergeben. Aus bestimmten Gründen dürfte sich dabei nach anfänglichem Rückgang der Nachfrage nach Qualifizierten dann langfristig ein relativer Anstieg der Nachfrage nach qualifizierten Arbeitskräften ergeben. In strategischer Sicht der Wirtschaftspolitik verschärft sich damit die Knappheit von Fachkräften im Kontext von TTIP weiter, so dass es erhebliche Herausforderungen in der Bildungs- und Weiterbildungspolitik gibt. Mit Blick auf eine absehbar sich verschärfende transatlantische Standortkonkurrenz stellen sich weitere Herausforderungen der Wirtschaftspolitik. Diese wäre im Übrigen gut beraten, bei TTIP mit die Frage aufzunehmen, wie auch ein Wohlstandsplus für Drittländer mittelfristig gesichert werden kann.

Auch wenn man den politisch sensiblen Verhandlungsbereich Investitionsschutzabkommen ebenso als kritisch einstufen kann wie einige Aspekte des Umweltschutzes bei TTIP (und Aspekte des Handels mit landwirtschaftlichen Produkten) – ggf. auch Fragen nach Durchsetzung der ILO-Kernarbeitsstandards –, so wird hier doch insgesamt auf Basis antizipierter Verhandlungsergebnisse eine positive Bilanz zu TTIP für den Industriebereich dargelegt. In dem Maße, in dem Handelshemmnisse abgebaut werden, dürften schon mittelfristig Realeinkommensgewinne entstehen, von verstärkten Prozessinnovationen gehen ähnliche Wirkungen aus; ein Mehr an Produktinnovationen ist ebenfalls positiv mit Blick auf den Wohlstand einzuordnen. Eine unverändert ernste Herausforderung bleibt allerdings der Finanzmarktbereich, dessen Regulierung in den USA und Europa im Gefolge der Bankenkrise nur unzureichend vorangeschritten ist; und Instabilitätsimpulse aus dem Finanzbereich könnten die potenziell erheblichen TTIP-Vorteile durchaus unterminieren. Hier ist die Wirtschaftspolitik weiterhin in den OECD-Ländern gefordert. Eine wichtige Baustelle nationaler Wirtschaftspolitik ist die spezifische Art der bisherigen Energiewende in Deutschland, deren Druck hin zu relativen Strompreiserhöhungen die Wettbewerbsfähigkeit einiger strom- und wissensintensiver Sektoren untergräbt: Anlass zu verstärkter Besorgnis auch im Kontext der transatlantischen Freihandelszone, die aber auch ein Raum mobiler Direktinvestoren sein wird – mit TTIP mehr denn je zuvor.

Die vorliegende Studie des Europäischen Instituts für internationale Wirtschaftsbeziehungen (EIIW) an der Bergischen Universität Wuppertal soll einen kompakten Beitrag vor allem zur industriebezogenen Analyse des Projektes einer transatlantischen Freihandelszone leisten und die öffentliche Debatte zu TTIP auf Basis neuer Einsichten und Analysebausteine voranbringen. TTIP bringt am Ende wohl auch die Chance, dass sich Elemente der Sozialen Marktwirtschaft der EU stärker Richtung USA ausbreiten – immer vorausgesetzt, dass in der Europäischen Union bzw. der Eurozone die Wiederherstellung hoher Wachstumsdynamik bei stabilem Preisniveau mittelfristig gelingt. Ein erfolgreiches TTIP-Projekt hätte historische Bedeutung, da es vor dem weiteren Aufstieg Chinas wohl eines der wenigen politischen Großprojekte zwischen den USA und der EU sein dürfte, das globale Bedeutung hat: Von der Setzung globaler Industrie-

standards bis hin zum Nachweis, dass der Westen insgesamt bei einem komple-
xen Integrationsthema handlungsfähig ist. Stolpersteine auf dem Weg zu TTIP
gibt es zahlreiche, wobei etwa Fragen der Datensicherheit – man denke auch an
die NSA-Affäre –, des Umweltschutzes, der audio-visuellen Medien und land-
wirtschaftlicher Produkte Blockadeelemente sein könnten, die raschen Liberali-
sierungsfortschritten bei den quantitativ wichtigen Feldern wie Industrie und
Dienstleistungen (mit wenigen Ausnahmebereichen) entgegenstehen könnten.

Für technische Zuarbeiten bei der Drucklegung geht hier ein besonderes Wort
des Dankes an Herrn Dr. Jens Perret, Herrn Marcel Tollmann, Herrn Steffen
König, Frau Evgenya Yushkova sowie Frau Christina Wiens (EIIW). Bei der
Hans Böckler-Stiftung gilt unser Dank für eine gute Projekt-Zusammenarbeit
Herrn Dr. Marc Schietinger. Die Verantwortung für die Studie liegt indes allein
bei den Autoren.

Wuppertal, im März 2014

*Paul JJ Welfens, Präsident des Europäischen Instituts für Internationale Wirtschaftsbeziehun-
gen (EIIW) an der Bergischen Universität Wuppertal, Lehrstuhl Makroökonomik; Jean
Monnet Lehrstuhl für Europäische Wirtschaft; IZA Research Fellow, Bonn, Non-resident
Senior Fellow at AICGS/Johns Hopkins University*

Inhaltsverzeichnis

Abbildungsverzeichnis

Tabellenverzeichnis

1. Einführung

Im Jahr 2013 ist eine wichtige transatlantische Handelsliberalisierungsrunde begonnen worden, die sowohl den Außenhandel zwischen der EU und den USA
als auch die Direktinvestitionsbeziehungen beider Wirtschaftsräume untereinan-
der betrifft; letzteres bezieht sich auf die Investitionen multinationaler Unternehmen auf beiden Seiten des Atlantiks. Die Verhandlungen werden seitens der
USA unter Transatlantic Trade and Investment Partnership (TTIP) geführt, wobei TTIP im Weiteren als Begriff regelmäßig Verwendung findet. Aus dem beab-
sichtigen Handelsliberalisierungspaket können umfassende Impulse für Strukturwandel, Innovationsdynamik, Wachstum und Beschäftigungsstruktur in
Deutschland bzw. Europa – und in den USA – entstehen. Dabei stehen aus
deutscher und EU-Perspektive einerseits gesamtwirtschaftliche Aspekte im Vordergrund der Betrachtung, andererseits aber auch sektorale Anpassungsprozesse.
Mögliche makroökonomische Effekte beziehen sich auch auf reale Wechselkurseffekte oder Wirkungen bei Zinssätzen und Aktienkursen.

Es liegen bereits einige Untersuchungen zur transatlantischen Handelsdynamik
bzw. den Perspektiven eines transatlantischen Handels- und Investitionsabkommens vor (u.a. BEHRINGER/KOWALL, 2013; FRANCOIS, 2013; IFO 2013a;
IFO 2013b; LANGHAMMER, 2012; STEPHAN/LÖBBING, 2013). In der
vorliegenden Studie werden allerdings wesentliche weitere Aspekte einbezogen,
wobei zu Beginn der Studie eine Bestandsaufnahme der vorliegenden unter-
schiedlichen Einschätzungen in der Literatur erfolgt. Zudem sind bislang Strom-
preiseffekte in keinen Studien angesprochen worden.

Verschiedene vorliegende Studien haben auf Basis des GTAP-Modells (ein wichtiges Standardmodell zur Analyse des Außenhandels) und von berechenbaren
Gleichgewichtsmodellen eine Quantifizierung der Handels- und Produktionseffekte vorgenommen. Eine frühe Studie mit interessanten Ergebnissen stammt
von ERIXON/BAUER (2010), die die Ergebnisse eines Übergangs zu transat-
lantischem Güterfreihandel betrachten und dabei die Tatsache betonen, dass sich
der transatlantische Güterhandel vor allem mit ähnlichen Produkten bzw. als
intra-industrieller Handel (erfassbar über den Grubel-Lloyd-Index) vollzieht; der
Abbau von Handelsschranken bringt von daher nicht nur in statischer Sicht –
gemeint ist hier der Effekt des Komplett-Abbaus von Zöllen – ein Mehr an
Handel, sondern auch eine Wettbewerbsintensivierung (dynamischer Effekt), die
sich in einer angenommenen Steigerung der Arbeitsproduktivität um 3,5% in
Sektoren mit hohem Anteil von intra-industriellem Handel und 2% in allen anderen Sektoren zeigt. Die Autoren gehen daher von statischen Einkommenszu-
wächsen für die EU von etwa 0,01% und in dynamischer Betrachtung von rund
5% aus, für die USA werden etwas höhere Einkommensgewinne von 0,15% in
statischer Sicht und rund 1% in dynamischer Betrachtung im Laufe eines mehr-

jährigen Anpassungsprozesses aus den Analysen hergeleitet. Bei der dynamischen Betrachtung wird auch eine Minderung der Handelskosten von 3% angenommen. Mit Blick auf die Exporte wird von einem Anstieg der EU-Exporte in die USA von 7% (28 Mrd. $) in statischer Betrachtung bzw. von 18% in dynamischer Sicht ausgegangen, die entsprechenden Zahlen für die US-Exportsteigerung Richtung EU beträgt 8% (23 Mrd. $) bzw. 17% in mittelfristiger Betrachtung. Nicht betrachtet werden dabei allerdings:

- ökonomische Vorteile aus der Liberalisierung von transatlantischen Dienstleistungen und die Effekte aus dem Abbau nichttarifärer Handelshemmnisse; hierzu gibt es allerdings Befunde aus der von der Europäischen Kommission finanzierten Studie von FRANCOIS et al. (2013) – die Größenordnung der Einkommenserhöhung auf EU-Seite in einem umfassenden transatlantischen Liberalisierungsszenario liegt bei etwa 0,5%;

- die Effekte erhöhter Direktinvestitionen von EU-Firmen in den USA und von US-Firmen in der EU sowie von Drittland-Firmen in den USA und der EU; die Einbeziehung der Direktinvestitionsperspektiven ist für die Analyse der Wirkungen der Errichtung einer transatlantischen Freihandelszone unerlässlich, denn nicht nur geht es bei den Verhandlungen auch um ein Investitionsschutzabkommen, sondern die EU und die USA gehören zu den größten Quellenländern (EU hier analytisch als Land betrachtet) und den größten Zuflussländern von Direktinvestitionen, wobei sich Direktinvestitionen jeweils auf wenige Industriesektoren konzentrieren.

- Einige spezielle Probleme ergeben sich im Kontext der Dienstleistungsliberalisierung, da hier einerseits die Gefahr besteht, dass Arbeits- und Sozialstandards in einem transatlantischen Markt nach unten konkurriert werden, andererseits könnte im Einzelfall auch ein Lohnsenkungsdruck entstehen (BECK/SCHERRER 2014). Allerdings wäre es auch denkbar, dass etwa durch erhöhte Investitionen in Informations- und Kommunikationstechnologie die Produktivität im Dienstleistungssektor weiter ansteigt, was dann zu Reallohnsteigerungen führen dürfte. Höhere IKT-Investitionen werden sich insbesondere dann ergeben, wenn der relative Preis für neu produzierte IKT-Kapitalgüter im Zeitablauf sinkt – in diese Richtung kann gerade TTIP wirken.

Als besonders gewichtig können in sektoraler Betrachtung aus deutscher Sicht mit Blick auf die Industrie die folgenden Sektoren gelten, die für den Außenhandel bzw. die Innovationsdynamik und die Beschäftigung von großer Bedeutung sind:

- die Automobilindustrie,
- die Chemieindustrie,
- der Sektor der Informations- und Kommunikationsindustrie (IKT), wobei hier auf die IKT-Produktion abgestellt wird;
- der Maschinenbau (enge Abgrenzung: machinery and equipment, not covered elsewhere; IKT-Produktion ist naturgemäß zum Teil auch Element des Maschinenbaus); und
- die Pharmazeutische Industrie.

Alle genannten Industrien können international als relativ technologieintensiv gelten. Aus deutscher Sicht können die drei erst genannten Sektoren auch als relativ energieintensiv eingestuft werden, so dass transatlantische Unterschiede in den Energiepreisen hier in besonderer Weise zu berücksichtigen sind; das gilt insbesondere auch dann, wenn die transatlantischen Unterschiede bei den Strom- bzw. Energiepreisen weiter zunehmen sollten. In den USA ist im Kontext der Nutzung von Fracking-Technologien in der Öl- und Gaswirtschaft ein deutlicher Anstieg der Öl- und Gasförderung zu verzeichnen, was mit Blick auf die Gas- und Strompreise bereits in der ersten Dekade des 21. Jahrhunderts erhebliche transatlantische Unterschiede bei Gas und Strom zugunsten der USA gebracht hat. Hieraus ergeben sich verbesserte Expansionschancen etwa für den Chemiesektor in den USA und auch andere Exportbranchen werden hier mittelfristig Kostenvorteile auf Basis relativ niedriger Energiepreise verzeichnen. Zudem werden die US-Importe für Öl und Gas längerfristig sinken, was im Zuge verminderter Außenhandelsdefizite zu einer realen Aufwertung des US-Dollars führen dürfte – allerdings können andere Einflussfaktoren auch zu fortgesetzt hohen Außenhandelsdefizitquoten der USA führen. In bilateraler Betrachtung EU-USA hat die EU über viele Jahre einen Leistungsbilanzüberschuss von gut 1% des EU-Bruttoinlandsproduktes erreicht.

SCHOTT/CIMINO (2013) haben unter Bezug auf die US-EU High Level Working Group (HLWG), die über Jahre die Vorverhandlungen zum Start der transatlantischen Handelsliberalisierungsrunde – 2013 gestartet – mit wichtigen Punkten markiert haben und unter Hinweis auf das US-Korea-Freihandelsabkommen und das EU-Korea-Freihandelsabkommen versucht, wichtige Verhandlungsfelder zu identifizieren:

- Zollabbau;
- Agrarzölle als Spezialfeld plus allgemeiner Subventionsabbau (bei letzteren wird man in der Regel Beihilfen und Steuervergünstigungen für Innovationsaktivitäten nicht ohne weiteres thematisieren)
- Dienstleistungsliberalisierung (in diesem Kontext sind auch bestimmte Regulierungen im Sinn von sektorspezifischen Wettbewerbsregeln wichtig – man denke etwa an die Telekommunikation)

- Investitionsschutz für Direktinvestoren
- Öffnung bei staatlichen Ausschreibungen – eine EU-Studie (EURO-PEAN COMMISSION, 2011) geht davon aus, dass die EU-Länder schon 15% ihrer öffentlichen Ausschreibungen liberalisiert haben, während die entsprechende Zahl für die USA nur 3% beträgt (insbesondere ist es aus Sicht der US-Bundesregierung schwierig, die Ausschreibungen bei US-Bundesstaaten international zu liberalisieren, da Washington hier keine Kompetenzen hat)
- Hygiene- und phytosanitäre Regulierungen (hier könnte sich eine Einigung anbieten, die auf international etablierte Standards bzw. Analyseergebnisse der Wissenschaft abstellt
- Technische Handelsbarrieren
- Geistige Eigentumsrechte (unter der Überschrift Trade-Related Intellectual Property Rights/TRIPS sind viele Konfliktpunkte innerhalb der Welthandelsorganisation bzw. der Uruguay-Handelsliberalisierungsrunde schon auf globaler Ebene gelöst worden)
- Patentschutz
- Ursprungsregeln (geographical indications)
- Umwelt- und Arbeitsstandards
- Neue handelsrelevante Regeln, die etwa die Wettbewerbspolitik oder auch das Verhalten von Staatsunternehmen betreffen.

Tabelle 1:   Ergebnisse zum Einkommenszuwachs auf Basis verschiedener Studien zur Transatlantischen Freihandelszone

		eingeschränkte Liberalisierung	umfassende Liberalisierung
ifo	Deutschland	0,24	4,70
	USA	0,75	13,40
CEPR (Francois)	EU27	0,10	0,48
	USA	0,04	0,39
	Rest der Welt	-0,01	
OECD	EU27	3,00	3,50
	USA	3,00	3,50
CEPR UK	Großbritannien	0,14	0,27
	EU 26*	0,37	0,61
	USA	0,16	0,31
Analyse Schweden	Schweden	0,01	0,18
	EU 26**	0,02	0,22
	USA	0,02	0,51
	Rest der Welt	-0,01	-0,15
Analyse Tschechien	Tschechien		0,01
CEPII	Frankreich	0,20	0,40

* EU27 ohne UK, ** EU27 ohne Schweden
Quellen: CEPR (2013), Estimating the Economic Impact on the UK of a Transatlantic Trade and Investment Partnership (TTIP) Agreement between the European Union and the United States; FRANCOIS et al. (2013), Reducing Transatlantic Barriers to Trade and Investment, London: CEPR (for the European Commission); IFO (2013a), Dimensionen und Auswirkungen eines Freihandelsabkommens zwischen der EU und den USA – Studie im Auftrag des Bundesministeriums für Wirtschaft und Technologie, Endbericht München; KOMMERSKOLLEGIUM (2012), Potential Effects from an EU-US Free Trade Agreement – Sweden in Focus; OECD (2013), The Transatlantic Trade and Investment Partnership: Why does it matter?; SEMERAK, V. (2013), Transatlantic Trade and Investment Partnership: Perspectives, Obstacles, and Implications for the Czech Republic. FONTAGNE, L.; GOURDON, J.; JEAN, S. (2013), Transatlantic Trade: Wither Partnership, Which Economic Consequences, Policy Brief CEPII, Paris.

Für Frankreich ist in der CEPII-Studie als eingeschränkte Liberalisierung das sogenannte Referenzszenario betrachtet worden, das definiert wird durch die Abschaffung der Zölle und einen Abbau der nichttarifären Handelshemmnisse um 25%; letztere bedeutet im Übrigen, dass auch in der EU ein verstärkter Intra-Dienstleistungshandel zustande kommt, da hier davon ausgegangen wird, dass diese innerhalb der EU 15% unter dem Schutzniveau gegenüber den USA liegen. Als umfassende Liberalisierung gilt eine, bei der es auch Harmonisierungs-Spillover in Drittländern gibt. In diesem Szenario werden in der CEPII-Studie für die USA und die EU Exportsteigerungen von 14,5 bzw. 3,4% berechnet, während das Referenzszenario Exportsteigerungen von 10,1% für die USA und

2,3% für die EU (ohne Intra-Handel) ergibt; die entsprechenden Werte für Deutschland, das Vereinigte Königreich, Frankreich und die osteuropäischen Beitrittsländer lauten 2,1%, 4,2%, 2,6% bzw. 1,3%. Bei umfassender Liberalisierung heißen die Werte für die vier Länder 3,0%, 5,5%, 3,8% bzw. 2,5% (letzterer Wert bezieht sich auf die Beitrittsländer). Bei umfassender Liberalisierung wird der Zuwachs des realen Bruttoinlandsproduktes in den USA und der EU27 jeweils 0,5%, für Deutschland, das Vereinigte Königreich, Frankreich und die osteuropäischen Beitrittsländer lauten die Zuwachswerte 0,5%, 0,4%, 0,4% bzw. 0,5% über einen Zehnjahreszeitraum (siehe Anhang). Allerdings kann man durchaus Argumente dafür finden, dass in einem solchen Zeitraum über zusätzliche Direktinvestitions- und Technologietransfereffekte sowie Realeinkommenseffekte in den USA und der EU – jeweils mit Rückwirkungseffekten – die Größenordnung beim realen Bruttoinlandsprodukt bei 1% liegen könnte. Im Übrigen bleibt abzuwarten, wie stark die Rückführung bei den nichttarifären Handelshemmnissen gelingt.

Dabei wird im Weiteren als Ausgangspunkt berücksichtigt, dass die nichttarifären Handelshemmnisse in transatlantischer Betrachtung in einigen Sektoren erheblich sind. In der folgenden Tabelle aus der ECORYS-Studie der Europäischen Kommission sind die geschätzten Zolläquivalente von Nicht-Zollbarrieren aufgeführt. Dabei sieht man, dass etwa in der Automobilindustrie auf beiden Seiten des Atlantiks die nichttarifären Handelshemmnisse ein Zollsatzäquivalent von rund 25% ausmachen, bei Lebensmitteln sind die Zolläquivalente bei über 50% – allerdings wird man von den Verhandlungen in diesem Sektor wenig Fortschritte erwarten können. Im Chemiesektor ist das Zolläquivalent in den USA bei 19,1%, in der EU bei 13,6%. Bei Gütern liegt das Durchschnittsschutzniveau bei 21,5% auf Seiten der EU, während es bei den USA 25,4% sind. Das Schutzniveau bei Dienstleistungen wird mit jeweils 8,5% angesetzt. Geht man davon aus, dass ein Teil der Direktinvestitionen auf beiden Seiten des Atlantiks dem Überspringen von nichttarifären Handelshürden gilt, könnte es bei einer Rückführung der nichttarifären Handelshemmnisse zu einem zeitweiligen Rückgang der Direktinvestitionen auf beiden Seiten des Atlantiks kommen. Bemerkenswert ist im Übrigen, dass das Schutzniveau bei Finanzdienstleistungen bei 31,7% und damit etwa dreifach so hoch wie auf Seiten der EU ist. Im Versicherungswesen erreicht der Importschutz der USA mit 19,1% auch immerhin das Doppelte des EU-Wertes. Man kann in dieser Schiefe der Schutzniveaus auch einen Reflex der Tatsache sehen, dass die USA einem politisch fragmentierten Europa gegenüberstehen. Während die USA ihre Interessen machtvoll verfolgen, sind die EU-Länder auf internationaler Ebene vermutlich deutlich schlechter aufgestellt, wenn es um Interessenpolitik geht.

Tabelle 2: Nichttarifäre Importschutz-Niveaus als Zolläquivalente (AVE; EU AVE entspricht der Importhürde auf Seiten der EU

Sektor	EU AVE	US AVE
Lebensmittel und Getränke	56,8	73,3
Chemikalien	13,6	19,1
Kraftfahrzeuge	25,5	26,8
Metalle und Metall-Produkte	11,9	17,0
Durchschnitt (Güter)	21,5	25,4
Finanzwesen	11,3	31,7
Versicherungswesen	10,8	19,1
IKT	14,9	3,9
Telekommunikation	11,7	1,7
Durchschnitt (Dienstleistungen)	8,5	8,9

Quelle: ECORYS (2009), Non-Tariff Measures in EU-US Trade and Investment – An Economic Analysis. Study for the European Commission, DG Trade.

Die ifo-Studie – sie betrachtet neben dem Abbau von Zöllen und nichttarifären Hemmnissen auch die Wirkung von Realeinkommenseffekten - geht bei eingeschränkter Liberalisierung von 0,24% Plus für Deutschland bzw. 0,75% plus die USA aus, bei umfassender Liberalisierung sind die Expansionseffekte mit 4,7% für Deutschland und mit 13,4% für die USA sehr viel höher. Ein Plus von 13,4% für die USA erscheint als sonderbar hoch im Rahmen des gewählten Ansatzes des ifo-Institutes. Eine OECD-Studie kommt mit einem Plus für beide Seiten von 3% bei eingeschränkter und 3,5% bei umfassender Liberalisierung zu einer deutlich positiveren Sicht als die CEPR-Studie von Francois et al., die im Auftrag der Europäischen Kommission durchgeführt wurde. Eine CEPR (UK) Studie für die Auswirkungen auf das Vereinigte Königreich einerseits, die EU26-Parnerländer und die USA andererseits kommt zu einem Plus von 0,27% für das Vereinigte Königreich, 0,61% für die EU-Partnerländer und 0,31% für die USA im Fall umfassender Liberalisierung; bei eingeschränkter Liberalisierung sind die Einkommensgewinne nur etwa halb so groß. Die Ergebnisse einer Analyse für die Schwedische Regierung zeigen im Fall einer starken Handelsliberalisierung für Schweden, die EU26 und die USA ein Plus von 0,18%, 0,22% bzw. 0,51%; hier stimmt immerhin die Größenordnung für den USA-Effekt bei der Studie für das Vereinigte Königreich und der für Schweden halbwegs überein. Eine Studie für Tschechien kommt für den Fall einer umfassenden Liberalisierung auf ein Plus von 0,01%.

Interessanterweise haben nur wenige Studien auch den globalen Effekt bzw. den Effekt für den Rest der Welt berechnet. Die Studie für FRANCOIS et al. (2013) kommt auf -0.01% im Fall einer eingeschränkten Liberalisierung, wobei hier im Kern Handelsablenkungseffekte im Vordergrund der Erklärung der negativen Effekte sind: Während der Handel zwischen den USA und der EU deutlich ansteigt, geht der Außenhandel mit Drittländern sowohl der USA wie der EU unter bestimmten Umständen zurück. Die Studie für die Regierung Schwedens geht von einem negativen Einkommenseffekt bei eingeschränkter Liberalisierung von 0.01% und 0.15% bei umfassender Liberalisierung aus. Bedauerlich ist, dass es zwar eine offizielle US-Studie für den US Trade Representative von 2013 gibt, deren Ergebnisse aber nicht veröffentlicht worden sind.

Da in all den genannten Studien nur Handels- und Einkommenseffekte betrachtet werden, während Direktinvestitionseffekte ausgeblendet werden, kann man einige Zweifel an den zusammengestellten Zahlen anmelden. Ein typischer Effekt im Kontext von Direktinvestitionen dürfte darin liegen, dass multinationale Unternehmen aus Drittländern zwecks Umgehens der Handelsablenkungseffekte verstärkt in den USA und/oder der EU investieren werden; das könnte tendenziell bedeuten, dass tatsächlich auf beiden Seiten das Atlantiks zusätzlichen Direktinvestitionen in erheblichem Maße zufließen, so dass sich die Kapitalintensitäten in den USA und in der EU erhöhen. Dies lässt dann im Kontext des Heckscher-Ohlin-Ansatzes erwarten, dass die Produktion kapitalintensiver Güter in den USA und der EU zunimmt. Im Übrigen wird der Zufluss in den USA und der EU für eine Abwertung von Drittlandswährungen gegenüber $ und € sorgen. Wenn hingegen die Direktinvestitionszuflüsse von Drittländern sich deutlich asymmetrisch mit Blick auf die USA bzw. die Eurozone entwickeln sollte, so wird sich auch eine nominale und reale Auf- oder Abwertung des €/$-Wechselkurses ergeben. Soweit der Zufluss an Direktinvestitionen in den USA und der EU dazu führt, dass die Güterimporte etwa aus Ländern Asiens, Lateinamerikas oder Afrikas zurückgehen, kann man eine Verbesserung der Leistungsbilanzposition der EU und der USA erwarten. Da sich im Zuge einer verschärften Innovationsdynamik im Wirtschaftsraum USAEU (USA+EU) eine Erhöhung der Produktion innovations- und kapital- sowie wissensintensiver Güter ergeben dürfte, ist auch von einem Anstieg der Exporte aus USAEU in Drittländer auszugehen; dieser Effekt könnte noch verstärkt werden dadurch, dass die Zuflüsse an Direktinvestitionen aus Drittländern das Produktionspotenzial in USAEU bzw. tendenziell den Angebotsüberschuss im Sektor der handelsfähigen Güter erhöhen – also auch den Außenbeitrag. Ein erhöhter Angebotsüberschuss auf dem Weltmarkt aber bedeutet, dass die Preise für die Drittländer bzw. die Weltwirtschaft insgesamt absinken werden.

Abbildung 1: Grundstruktur der Wirkungen bei transatlantischer Liberalisierung

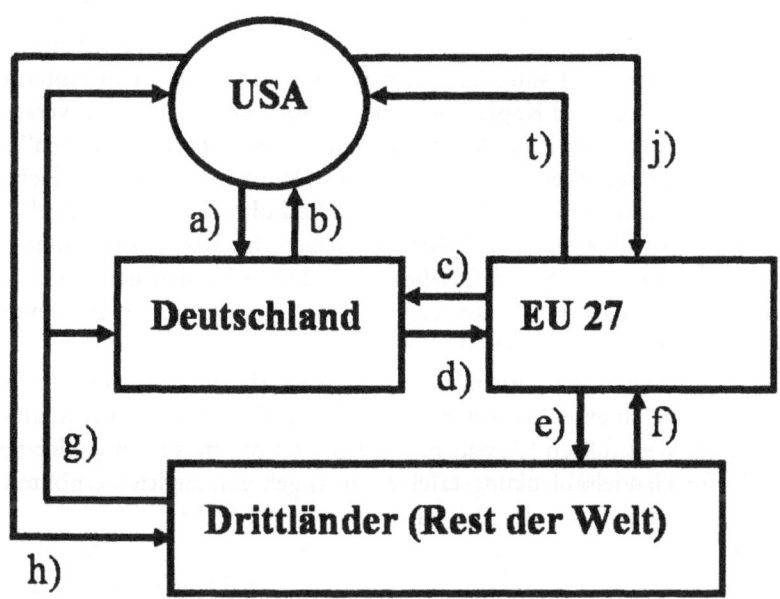

Quelle: Eigene Darstellung

Wenn man eine systematische Analyse der Wirkungskanäle von TTIP auf Deutschland und die USA vornehmen wollte (siehe oben stehende Abbildung), so kann in vereinfachender Betrachtung folgende Systematik bei einem Abbau von transatlantischen Handelsbarrieren entwickelt werden:

- Die Exporte Deutschlands in die USA nehmen zu; zugleich nehmen die US-Exporte nach Deutschland zu (Pfeile a) bzw. b)). Es kommt insbesondere bei Sektoren mit starkem intra-industriellen Handel zu einer Wettbewerbsintensivierung im USAEU-Raum, der die Unternehmen zu Anpassungsreaktionen Richtung Strukturwandel motiviert – der erhöhte Kostendruck führt unter anderem zu verstärktem internationalen Outsourcing und zu mehr Offshoring (Verlagerung der Wertschöpfung im Konzern: hin zu ausländischen Tochterunternehmen). Auch verstärktes nationales Outsourcing dürfte eine Rolle spielen.
- Deutschlands Exportunternehmen werden verstärkt in der EU internationales Outsourcing – und Offshoring – betreiben (c), wobei das Out-

sourcing letztlich den von Kostensenkungsdruck getriebenen Versuch darstellt, sich verstärkt zu bemühen, aus EU-Partnerländern preiswerte Vorprodukte liefern zu lassen: relativ einfache Bereiche der Wertschöpfungskette wandern ins Ausland, so dass die Nachfrage nach Ungelernten in Deutschland sinkt. Zugleich werden damit bei Exportunternehmen in Deutschland Kapazitäten und Ressourcen frei, um sich verstärkt auf höherwertigere Produktionssegmente – die „oberer Schichten" der Wertschöpfungsleiter – zu spezialisieren: Damit aber steigt die Nachfrage nach Qualifizierten in Deutschland. Die Lohnrelation für Ungelernte zu Geringqualifizierten wird damit ansteigen. Im Übrigen bedeutet verstärktes Outsourcing und Offshoring Richtung EU-Partnerländer, dass dort das Realeinkommen ansteigt bzw. dann in der Folge die Güterexporte Deutschlands in die EU-Partnerländer ansteigt (d).

- Die Stärkung der internationalen Wettbewerbsfähigkeit von USAEU dürfte auch zu einer Exporterhöhung dieses Wirtschaftsraums Richtung Rest der Welt führen (e), zudem werden die Importe sinken (f); letzteres steht für Handelsablenkungseffekte); zu f) gehören zugleich erhöhte Direktinvestitionsflüsse der Drittländer Richtung USAEU.

- Der positive Realeinkommenseffekt in den USA und Deutschland sorgt für wachsende Exporte von Drittländern nach Deutschland (sowie in die anderen EU-Länder) und in die USA (g); der induzierte Realeinkommensanstieg im Rest der Welt lässt dann auch die Exporte der USA dorthin steigen (h); zusätzlich steigen dann auch die Exporte Deutschlands einkommensbedingt Richtung Drittländer (i). Der Einkommensanstieg in der EU27 plus Deutschland lässt dann die Exporte der USA in die EU ansteigen (j), der Einkommensanstieg der USA stimuliert schließlich die Exporte der EU (k).

Damit ergibt sich ein globales Positiv-Summenspiel, bei dem Deutschland mit seinen führenden Exportprodukten Maschinen und Anlagen sowie Automobilen und Chemie- plus Elektroprodukte grundsätzlich gut positioniert ist. Allerdings ist u.a. zu bedenken, dass sich in einem integrierten transatlantischen Markt natürlich ein verschärfter Wettbewerb und eine intensivierte Standortkonkurrenz ergibt, was zu Verschiebungen der geographischen Direktinvestitionsdynamik – zugunsten der USA oder zugunsten Deutschlands bzw. der EU auf der Zuflussseite – führen könnte und auch die Produktions- bzw. Vorleistungsstrukturen ändern kann. Soweit der Außenhandel zunimmt, kann dies über ein Mehr an Handel mit schon bisher gehandelten Produkten und Dienstleistungen erfolgen oder über den neuen Handel von bisher noch nicht gehandelten Gütern, die wegen des Sinkens der Handelskosten nun der Weltmarktkonkurrenz ausgesetzt sind. Da Deutschland in wichtigen Industriesektoren schon erhebliche Direktinvestitionen in den USA einerseits und in anderen EU-Ländern andererseits hat, kann die geographische Verschiebung von Wertschöpfungsstrukturen relativ schnell erfolgen; in ähnlicher Weise kann dies auch mit Blick auf US-Unternehmen in bestimmten Industrien festgestellt werden, die über hohe Direktinvestitionsbestände in Deutschland bzw. der EU verfügen. Denkbar ist im Übrigen grundsätzlich, dass bei Verabschiedung gemeinsamer Standards in wichtigen Industrien sowohl US-Firmen als auch EU-Firmen Wettbewerbsvorteile gegenüber asiatischen Ländern aufbauen. Von den asiatischen Ländern könnten mittelfristig Korea und Japan von TTIP profitieren, da beide Länder einerseits über hohe Direktinvestitionen in den USA und der EU verfügen; zudem hat Korea ein Freihandelsabkommen mit Deutschland und mit der EU – Japan hingegen müsste mit Blick auf die USA u.a. auf einen erfolgreichen Abschluss der Trans-Pacific Partnership setzen, das Freihandel mit den USA und anderen Ländern brächte. Bisher vorliegende Analysen zeigen in Teilbereichen ähnliche Effekte, aber es gibt auch Felder mit erheblichen Unterschieden in den Aussagen.

Es werden im Weiteren wesentliche neue ökonomische Einsichten gewonnen über grundlegende Veränderungen in der europäischen bzw. transatlantischen Arbeitsteilung, wobei neben den Handelseffekten auch Direktinvestitionseffekte und damit verbundene Aspekte zu beachten sind; wenn es etwa verstärkt zu Direktinvestitionseffekten seitens deutscher bzw. europäischer Unternehmen in den USA kommt, so bringt dies erfahrungsgemäß auch Impulse durch die Ausbildungsprogramme von multinationalen Unternehmen aus Deutschland; auch kann sich hier die Zusammenarbeit von Arbeitnehmern und Management exemplarisch in den USA entwickeln. Direktinvestitionen sind hier ein internationales Element des Systemwettbewerbs. Für die Unternehmen im Export- und Importsektor wird TTIP enorme Veränderungen mit sich bringen, auf die es sich rechtzeitig einzustellen gilt – wenn die beiden größten Wirtschaftsräume der Welt eine Art transatlantischen Binnenmarkt schaffen könnten, so werden sich neue Expansionschancen, aber auch Anpassungsdruck im Strukturwandel ergeben. Zugleich gilt es mögliche Konfliktfelder – wie etwa bei den ILO-Standards, im Bereich öffentlicher Ausschreibungen und bei Umweltstandards – zu antizipieren und nach Lösungswegen zu suchen.

2. Transatlantische Handels- und Investitionspartnerschaft: Ein Blick auf ausgewählte Analysebefunde

Mit den Vereinigten Staaten von Amerika und der Europäischen Union verhandeln seit Mitte 2013 zwei Schwergewichte der Weltwirtschaft über eine transatlantische Handels- und Investitionspartnerschaft. Für die USA geht es nach dem vorläufigen Scheitern der Doha-Verhandlungsrunde der Welthandelsorganisation darum, nun verstärkt durch eine Art bilaterale Liberalisierungsinitiative den Verhandlungen neuen Schwung zu geben: Im Verhältnis zu den USA geht es aktuell eben um das zur Verhandlung anstehende Transatlantic Trade and Investment Partnership Agreement (TTIP), gegenüber ausgewählten Ländern Asiens steht ein Abkommen zur Trans-Pacific Partnership auf der Agenda – hier ist durch das Hinzustoßen Japans zur Verhandlungsgruppe in 2013 ein größeres Gewicht entstanden und da auch Kanada und Mexiko in den Verhandlungen beteiligt sind, verhandelt faktisch die NAFTA (Freihandelszone USA+Kanada+Mexiko) über transpazifische Liberalisierungen. Die EU hat im Übrigen 2013 mit Kanada bereits in kleinerem Rahmen ein Freihandelsabkommen mit einem NAFTA-Partner geschlossen. Bei TTIP wirken mit den USA und der EU allerdings die größten Handels- und Wirtschaftsräume der Welt zusammen.

Auf beide Wirtschaftsräume entfallen knapp 50 Prozent der globalen Wirtschaftsleistung, bei einem Anteil an der Weltbevölkerung von nicht einmal 12 Prozent. Zudem stehen die EU und die USA für etwa 60 Prozent aller Bestände an ausländischen Direktinvestitionen. Des Weiteren entfällt auf beide Partner ein Drittel des weltweiten Waren- und Dienstleistungshandels. Die Verhandlungen begannen in Washington im Juni 2013 und konnten dann nach unplanmäßiger Unterbrechung wegen des Streits über die US-Verschuldungsobergrenze im Kongress erst im November 2013 in Brüssel fortgesetzt werden. Wegen der NSA-Abhöraffäre bzw. den politischen Debatten über US-Lauschangriffe in Deutschland und anderen Ländern geht man von einem schwierigen Verhandlungsklima aus, zumal das Thema Datensicherheit nun aus EU-Sicht einen höheren Rang in den Verhandlungen hat.

Hauptziele des Abkommens sind, die Zölle abzuschaffen, Standards zu harmonisieren, Regulierung zu reduzieren und Investitionen zu schützen. Das Thema Investitionen bzw. Investitionsschutz multinationaler Unternehmen ist bislang in internationale Handelsabkommen selten integriert, da aber die Europäische Union seit dem Lissabon-Vertrag die Zuständigkeit für internationale Investitionsabkommen hat, lag es für die USA nahe, die mit einigen EU-Ländern bislang bestehenden bilateralen Verträge im Bereich Investitionsschutz nun bei den Verhandlungen mit der supranationalen Politikebene der EU einzubringen. Seit der

Uruguay-Gatt-Runde bzw. der Gründung der Welthandelsorganisationen mit dem Feld Trade-Related Intellectual Property Rights (handelsbezogene geistige Eigentumsrechte) sind immerhin auch auf der Ebene der WTO einige Investitionsfragen verankert. Dies zeigt die gestiegene Bedeutung multinationaler Unternehmen für den Welthandel.

Im Wesentlichen sollen die nichttarifären Handelsbarrieren abgebaut werden, wobei die Wirkung solcher Liberalisierungsmaßnahmen schwierig einzuschätzen ist; üblicherweise wird versucht, auf Basis von Expertenbefragungen solche Barrieren in Zolläquivalente zu übersetzen und dann kann mit üblichen Analyseverfahren die Auswirkung eines Abbaus nichttarifärer Handelsbarrieren abgeschätzt werden.

Von einem transatlantischen Freihandelsabkommen erhoffen sich die Regierungen auf beiden Seiten des Atlantiks erhebliche Wohlfahrtsgewinne, wobei die Größe der beteiligten Handelspartner US bzw. EU so erheblich ist, dass auch positive makroökonomische Wirkungen und Rückwirkungen zu beachten sind – sowie die Auswirkungen auf die Weltwirtschaft insgesamt. Durch das Abkommen sollen in den USA und in der EU zusätzliche Arbeitsplätze entstehen und die Realeinkommen steigen; diese Effekte ergeben sich aus Handelsschaffungs- bzw. Skaleneffekten sowie erwarteten Wettbewerbsintensivierungseffekten. Da das Ausgangsniveau der Importzölle auf beiden Seiten des Atlantiks mit rund 3% als Durchschnittswert recht gering ist, stehen die nichttarifären Handelshemmnisse im Vordergrund der Betrachtung. Was die transatlantischen Wohlfahrtsgewinne angeht, so ist zu bedenken, dass wegen der hohen Direktinvestitionsbestände auf beiden Seiten des Atlantiks ein Teil der EU-Vorteile den USA über US-Tochterunternehmen in der EU zukommen wird, deren Umsätze etwa dreimal so hoch wie die US-Exporte in die EU sind; umgekehrt wird ein Teil der US-Vorteile faktisch auch den Bürgern in der EU zukommen, denn in den USA produzieren zahlreiche multinationale Unternehmen aus Europa.

Das transatlantische Freihandelsabkommen soll idealerweise in zwei Jahren in Kraft treten. Die offiziellen Verhandlungen über ein mögliches Abkommen begannen im Juli 2013. In der zweiten Verhandlungsrunde wurde über die Themen Dienstleistungen, Investitionen, Energie, Rohstoffe und Regulierung verhandelt. Eine dritte Verhandlungsrunde hat vom 16.12.-20.12.2013 in Washington stattgefunden. Im Fokus standen tarifäre und nichttarifäre Handelshemmnisse, aber auch die Öffnung des staatlichen Beschaffungswesens, das in den USA weniger international offen als in der EU ist – dabei gibt es nur begrenzte Möglichkeiten der US-Bundesregierung auf die hier wichtigen US-Bundesstaaten einzuwirken. Wichtig werden auch die Bestimmungen über Investitionsschutzabkommen sein. Es gab 2013 weltweit rund 3000 Investitionsschutzabkommen, wobei die typische Intention ein guter Rechtsschutz für Investoren ist (historisch ein relevanter Punkt von Investoren aus OECD-Ländern gegenüber Entwicklungsländern).

Die Tatsache, dass Investitionsschutzabkommen Teil von TTIP sein werden, lässt erwarten, dass erfolgreiche Verhandlungen ein Mehr an transatlantischen Direktinvestitionen mit sich bringen werden, und zwar in beide Richtungen. Diese Effekte sind zumindest in einer mittelfristigen Analyse mit zu berücksichtigen, wurden allerdings in den 2013 vorgelegten Studien an keiner Stelle thematisiert. Dabei sind die transatlantischen Direktinvestitionen sehr gewichtig: Der Umsatz von US-Firmen in der EU ist etwa dreimal so hoch wie die US-Exporte Richtung Europäische Union, die Umsätze von EU-Tochterfirmen in den USA sind ihrerseits etwa dreimal so hoch wie die EU-Exporte Richtung USA.

Eine neue Debatte bezieht sich dabei auch auf die Frage, ob im Zuge gestiegener transatlantischer Strompreisunterschiede – bei relativ niedrigen US-Strompreisen wegen der wachsenden Förderung von Erdgas aus unkonventionellen Quellen – nicht verstärkt mit einer Abwanderung von Kapital aus der EU Richtung USA zu rechnen sein wird. Die Behauptung, dass man sich mit Blick auf diese Problematik eigentlich aus EU-Sicht TTIP nicht leisten könne (HANDELSBLATT, 2013), ist höchst fragwürdig. Denn hier wird übersehen, dass in den USA ein Gas-Exportverbot besteht, das allerdings gerade nicht gegenüber jenen Ländern gilt, mit denen die USA ein Freihandelsabkommen geschlossen haben. Hätte man also TTIP abgeschlossen, dann käme es zu Gas-Exporten nach Europa, so dass die transatlantischen Gaspreis-Unterschiede im Gefolge wachsender US-Flüssiggasexporte sinken werden; damit aber wird auch die transatlantische Strompreislücke geringer werden, sofern nicht die Politik durch falsche Weichenstellungen Gaskraftwerke aus der Stromproduktion weiter verdrängt. In diesem Kontext ist das Absinken der CO2-Emissionszertifkatepreise im Zeitraum 2010-2013 in der EU als problematisch anzusehen – solange die Europäische Kommission bzw. die EU-Ländern nicht im Rahmen einer durchdachten Strategie CO2-Emissionszertifikate ankaufen bzw. deren Preis nach oben treiben, besteht das Problem fort, dass relativ neue (emissionsarme) Gaskraftwerke vielfach von alten Kohlekraftwerken mit schon abgeschriebenen Kapitalkosten verdrängt werden.

Grundsätzlich ist auch zu fragen, wie man die Wohlfahrtseffekte von TTIP messen will. Sofern man im Kern einfach auf die Steigerung des Bruttoinlandsproduktes abstellt, – dies wird in den 2013 erschienenen einschlägigen Studien so gemacht – wird ein methodischer Fehler begangen. Denn nicht die Steigerung des Bruttoinlandsproduktes ist relevant, sondern die des Bruttonationaleinkommens (WELFENS, 2013a); letzteres ist gleich der Summe aus dem Bruttoinlandsprodukt und dem Saldo der Erwerbs- und Vermögenseinkommen zwischen In- und Ausland. Hierbei ist vor allem auch auf die Direktinvestitionen abzustellen bzw. die Gewinne, die EU-Ländern aus Tochterfirmen von EU-Multis aus den USA zufließen und natürlich sind auch die aus EU-Ländern abfließenden Gewinne von US-Tochterfirmen in der EU zu berücksichtigen.

2.1 Handel und Direktinvestitionen

Die US-Europäischen Handelsbeziehungen sind durch ein hohes Maß an intra-industriellen Handel gekennzeichnet. Das bedeutet, dass sich die USA und die EU nicht auf bestimmte ressourcenbestimmte Vorteile spezialisieren, sondern Güter und Dienstleistungen aus demselben Wirtschaftszweig sowohl importieren als auch exportieren. So liegen gemäß dem ifo-Institut die sektoralen Grubel-Llooyd Indizes zwischen 0,73 und 0,91, also sehr nahe an der maximalen Ausprägung von 1,00. Zudem ist neben dem intra-industriellen Handel der Handel zwischen verbundenen Firmen sog. Intra-Firmenhandel maßgeblich.

Erheblicher intra-industrieller Handel bedeutet, dass sich internationale Nachfrageschocks im Kontext von Strukturwandel relativ gut abfedern lassen, da im wesentlichen Produktionsfaktoren nicht von einem Sektor (i) in einen anderen Sektor (j) wandern müssen, sondern die Struktur der Produktionspalette ist anzupassen; etwa wenn sich die Nachfrage aus Umweltschutzgründen stärker zugunsten von Hybrid- oder Strom-Autos entwickelt, während die Nachfrage nach herkömmlichen PKWs relativ sinkt. Das heißt allerdings nicht, dass sich hier nicht auch erhebliche Änderungen der Export-Durchschnittserlöse ergeben können, die dann zu Lohnsenkungsdruck in den Ländern mit verminderten Export-Durchschnittserlösen führen werden.

Die EU27 stand 2012 für rund 17% Anteil am Gesamthandelsvolumen der USA, die Vereinigten Staaten wiederum standen in 2012 für rund 7% der EU-Warenexporte.

Die USA exportierte im Jahr 2012 Güter im Wert von 1,547 Billionen Dollar. Die USA weist damit eine Exportquote in Höhe von knapp 14 Prozent aus. Damit spiegelt sich die Größe des US-Binnenmarktes wider. Im Jahr 2012 entfiel auf die EU 17,2 Prozent der gesamten US-Exporte. Somit importierte die EU US-Güter im Wert von 265,36 Mrd. Dollar. Im Vergleich dazu importierte China US-Güter in Höhe von 110,60 Mrd. Dollar und damit deutlich weniger als die EU, wenngleich die Bedeutung Chinas als Exportmarkt für US-amerikanische Unternehmen stetig zunimmt. Die USA importierte im Jahr 2012 Waren im Wert von 2,275 Billionen US-Dollar, damit wies die USA ein Handelsbilanzdefizit in Höhe von 728 Mrd. US-Dollar aus. Davon entfielen ca. 16,7 Prozent auf Güter aus der EU. Das US-Handelsvolumen mit der EU belief sich somit auf 633,385 Mrd. Dollar. Damit ist die EU einer der wichtigsten Handelspartner der USA. Die wichtigsten Handelspartner der USA sind Kanada und Mexiko. Beide Staaten bilden zusammen mit den USA die Nordamerikanische Freihandelszone.

Das US-Handelsvolumen mit Kanada und Mexiko belief sich auf 1,11 Billionen US-Dollar.

Tabelle 3:   Rangfolge der wichtigsten Außenhandelspartner der USA im Jahr 2012

Rang	Partner	Exporte	Importe	Handelsvolumen	Anteil am Handelsvolumen
	Alle Staaten	1547,1	2275,0	3822,1	100,0%
1	Kanada	292,4	324,2	616,7	16,1%
2	China	110,6	425,6	536,2	14,0%
3	Mexiko	216,3	277,7	494,0	12,9%
4	Japan	70,0	146,4	216,4	5,7%
5	Deutschland	48,8	108,5	157,3	4,1%
6	Großbritannien	54,8	54,9	109,8	2,9%
7	Südkorea	42,3	58,9	101,2	2,6%
8	Brasilien	43,7	32,1	75,8	2,0%
9	Saudi-Arabien	18,1	55,7	73,8	1,9%
10	Frankreich	30,8	41,6	72,4	1,9%
	EU-27	*265,4*	*381,2*	*633,4*	*16,6%*

Bemerkungen: Werte in Mrd. US-Dollar
Quelle: US Census

Tabelle 4:   Anteil der Gesamtexporte (Waren) der EU: Aufschlüsselung nach Partnerregionen (%)

Jahr	2006	2007	2008	2009	2010	2011	2012
Brasilien	0,5	0,6	0,7	0,7	0,8	0,8	0,9
Kanada	0,7	0,7	0,6	0,7	0,7	0,7	0,7
Schweiz	2,5	2,5	2,6	3,0	2,9	3,2	3,3
China (ohne HK)	1,7	1,8	1,9	2,5	2,9	3,1	3,2
Extra-EU	31,8	31,9	32,8	33,5	34,8	35,5	37,4
Hongkong	0,6	0,5	0,5	0,6	0,7	0,7	0,7
Indien	0,7	0,8	0,8	0,8	0,9	0,9	0,9
Japan	1,2	1,1	1,1	1,1	1,1	1,1	1,2
Russland	2,0	2,3	2,6	2,0	2,3	2,5	2,7
Vereinigte Staaten	7,4	6,7	6,3	6,3	6,3	6,2	6,6

Quelle: EUROSTAT.

Der Anteil der Exporte aus der EU in die USA an den Gesamtexporten der EU betrug im Jahr 2012 6,6 Prozent. Dieser Anteil ist seit Jahren kontinuierlich zurückgegangen. Seit dem Jahr 2004 bis ins Jahr 2011 ist der Anteil von 7,8 Prozent auf 6,2 Prozent gesunken. Daraus folgt, dass die USA als Absatzmarkt für Unternehmen aus der Europäischen Union, zumindest relativ, an Bedeutung verloren. Trotzdem ist im Moment die USA beim Extra-EU-Export der wichtigste Handelspartner der EU27. 4,5 Prozent der EU-Einfuhren kamen aus den USA (EUROSTAT 2012). Die USA hat ebenfalls als Importquelle für die EU an Gewicht verloren, obgleich nicht so deutlich wie bei den Exporten. Hier ist der Anteil an den Gesamtimporten der EU seit 2004 von 5,2 auf 4,5 Prozent gesunken. Des Weiteren fällt an Tabelle 1.2. auf, dass der Anteil der Extra-EU-Exporte an den Gesamtexporten der EU kontinuierlich ansteigt. Seit dem Jahr 2006 bis 2012 ist der Anteil der Extra-EU-Exporte an den Gesamtexporten der EU von 31,8 auf 37,4 Prozent gestiegen. Dieser Anstieg ist zum einen durch die Schulden- und Finanzkrise im Euro-Raum und zum anderen durch das rasante Wachstum in Schwellenländern wie z.B. China, Russland, Brasilien und der Türkei erklärbar. So ist aus Tabelle 1.2. erkennbar, dass vor allem China als Exportmarkt für die EU an Bedeutung gewonnen hat.

Im Bereich der Dienstleistungen entfielen im Jahr 2012 10,9 Prozent der Dienstleistungsexporte aus der EU auf die USA. Im Vergleich dazu, gingen lediglich 1,6 Prozent der EU-Dienstleistungsexporte nach China. Insgesamt wurden im Jahr 2011 in die Region Amerika 15,5 Prozent der EU-Dienstleistungsexporte ausgeführt. Damit war die Region Amerika der größte Absatzmarkt für EU Dienstleistungen, vor Asien mit 9,3 Prozent. Die EU importierte 11,9 Prozent ihrer Dienstleistungen aus den USA. Die USA sind für die EU-Mitgliedstaaten somit das wichtigste Partnerland im Bereich des Handels mit Dienstleistungen.

Im Jahr 2011 exportierten die USA Dienstleistungen im Wert von 190,03 Mrd. US-Dollar in die EU. Damit war die EU der zweitwichtigste Absatzmarkt für US-Dienstleistungen, nach Asien und Ozeanien. Insgesamt importierte die USA im Jahr 2011 34,8 Prozent ihrer Dienstleistungen aus der EU. Damit ist die EU Region für die USA die wichtigste Importquelle im Bereich der Dienstleistungen, gefolgt von Asien und Ozeanien mit 29,3 Prozent.

Direktinvestitionen: EU-USA

Die USA und die EU halten zusammen 51,4 Prozent des gesamten „inward stock" bzw. des inländischen Gesamt-Direktinvestitionsbestandes sowie 63,5 Prozent des gesamten „outward stock" (Gesamt-Direktinvestitionsbestand im Ausland) an ausländischen Direktinvestitionen. Der Direktinvestitionsbestand der USA in der EU betrug im Jahr 2011 ungefähr 1,34 Billionen Euro. Damit hält die USA 56 Prozent des Direktinvestitionsbestands in der EU. Somit ist die EU weiterhin die wichtigste Region für amerikanische Direktinvestitionen. Zudem ist die USA für die EU mit großem Vorsprung das wichtigste Extra-EU

Kapitalgeberland. Der Direktinvestitionsbestand der EU in den USA belief sich im Jahr 2011 auf 1,42 Billionen Euro. Damit überstieg der Direktinvestitionsbestand der EU in den USA den Bestand der EU in China um das Zwölffache.

Die Direktinvestitionen (Zuflüsse/flows) aus der EU in die USA beliefen sich im Jahr 2011 auf rund 123,52 Mrd. Euro und machten damit ungefähr 47 Prozent der gesamten ausländischen Direktinvestitionen (flows) in den USA aus. Die US-Direktinvestitionen in die EU betrugen im Jahr 2011 150,21 Mrd. Euro. Damit entfielen knapp über 50 Prozent der im Jahr 2011 getätigten US-Direktinvestitionen auf die Europäische Union. Zudem beschäftigen US-Tochterunternehmen in der EU rund 4,2 Mill. Menschen und generierten zuletzt Umsätze in Höhe von 2,5 Billionen US-Dollar. EU-Unternehmen beschäftigen in den USA in etwa 6,4 Mio. Menschen und erzielten Umsätze in Höhe von 3,5 Billionen US-Dollar.

2.2 Zölle und nichttarifäre Handelsbarrieren

2.2.1. Handelsbarrieren (Zölle)

Bei Betrachtung der durchschnittlichen Zollsätze (aggregiert, ungewichtet, gewichtet nach Handelsvolumen) zwischen den USA und der EU fällt auf, dass diese im internationalen Vergleich relativ niedrig ausfallen. Der Medianzoll liegt bei 3,5 Prozent für die EU und 2,5 Prozent für die USA. Der arithmetische Mittelwert ist mehr als einen Prozentpunkt höher. Dies weist auf eine Schiefe der Verteilung hin. So sind im Jahr 2007 25 Prozent aller Produktlinien in beiden Richtungen unverzollt gewesen, allerdings wurden wiederum 25 Prozent aller Produktlinien mit Zollsätzen höher als 6,5 Prozent (EU) oder 5,5 Prozent (USA) belegt. Zudem betrug der maximale Zollsatz im Falle der USA 350 Prozent und in der EU 74,9 Prozent.

Tabelle 5: **Vergleich der durchschnittlichen Zölle 2007 in %**

	USA aus EU	EU aus USA
Agrargüter	7,94	4,87
Industriegüter	3,48	3,45

IFO (2013a), Dimensionen und Auswirkungen eines Freihandelsabkommens zwischen der EU und den USA – Studie im Auftrag des Bundesministeriums für Wirtschaft und Technologie, Endbericht München.

Der ungewichtete Durchschnittszoll in der Industrie lag im Jahr 2007 in beiden Regionen bei ungefähr 3,4 Prozent. Kraftfahrzeuge und Fahrzeugteile unterlagen in den USA bzw. der EU einer Verzollung in Höhe von durchschnittlich 3,85 bzw. 6,48 Prozent (ungewichtet). Damit unterliegen US-Kraftfahrzeuge einer höheren durchschnittlichen Verzollung als Kraftfahrzeuge aus der EU. Die Eliminierung der Zölle dürfte zu einem starken Handelseffekt im KFZ-Sektor führen. Aufgrund der Asymmetrie bei der Verzollung von Kraftfahrzeugen, dürften vor allem US-amerikanische Autohersteller bei einer Aufhebung der Zölle profitieren. Agrargüter werden in den USA und in der EU im Durchschnitt höher verzollt als Industriegüter. Agrarprodukte aus der EU unterliegen in den USA einer Verzollung von durchschnittlich acht Prozent. Umgekehrt werden US-Agrarprodukte in der EU mit einem Zoll von durchschnittlich 4,87 Prozent belegt. Somit wird die US-Agrarwirtschaft deutlich stärker von der Konkurrenz aus der EU geschützt als umgekehrt. Insgesamt ist aufgrund der niedrigen Zölle nicht zu erwarten, dass eine bloße Eliminierung der Zölle zu starken Handels- und Wohlfahrtseffekten im Aggregat führen wird. Allerdings ist es aufgrund von sektoralen Spitzen durchaus möglich, dass einzelne Branchen von einer Zolleliminierung deutlich profitieren würden.

2.2.2. Nichttarifäre Handelsbarrieren

Damit aus dem möglichen Freihandelsabkommen zwischen den USA und der EU Wachstums- und Beschäftigungswirkungen resultieren sollen, müssen vor allem die nichttarifären Handelsbarrieren (NTBs) abgebaut werden. Unter NTBs versteht man eine Vielzahl von Hürden, welche den internationalen Handel behindern. Formen von nichttarifären Handelsbarrieren sind z.B. öffentliche Auftragsvergabe zugunsten inländischer Produzenten, Einfuhrüberwachung, Verbraucher- und Umweltschutzbestimmungen, technische Normen und Standards. Zudem werden Importquoten, freiwillige Exportbeschränkungen und Local-Content-Klauseln als nichttarifäre Handelshemmnisse eingeordnet. Grundsätzlich beeinflussen nichttarifäre Handelshemmnisse die Inlandspreise über zwei Kanäle. Zum einen führen nichttarifäre Handelsbarrieren zu höheren Produktionskosten, weil z.B. in einem Land höhere Standards in der Lebensmittelproduktion erfüllt werden müssen. Zum anderen schränken NTBs den Zutritt ausländischer Unternehmen zu bestimmten Inlandsmärkten ein. Dies führt in den geschützten Märkten zu höheren Marktkonzentrationen. Beide Effekte führen somit zu höheren Inlandspreisen im Vergleich zu einem Zustand ohne Handelshemmnisse. Die Quantifizierung von Non-tariff barriers (NTBs; nichttarifäre Handelsbarrieren) ist methodisch umstritten. Es existiert derzeit keine anerkannte Methodik, mit welcher das Niveau nichttarifärer Handelsbarrieren ermittelt werden kann. In einer umfassenden Studie (ECORYS, 2009) wurden unter Verwendung von Umfragen unter Unternehmen und Gravitationsgleichungen,

NTB-Niveaus im Dienstleistungs- und Gütersektor als ad-valorem Zolläquivalente ermittelt.

Tabelle 6:   NTB Niveaus als ad-valorem Äquivalent

Sektor	EU AVE	US AVE
Lebensmittel und Getränke	56,8	73,3
Chemikalien	13,6	19,1
Elektrische Maschinen	12,8	14,7
Kraftfahrzeuge	25,5	26,8
Sonstiger Fahrzeugbau	18,8	19,1
Metalle und Metall-Produkte	11,9	17
Holz- und Papierprodukte	11,3	7,7
Durchschnitt (Güter)	**21,5**	**25,4**
Luftverkehr	2,0	2,0
Schifffahrt	8,0	8,0
Finanzwesen	11,3	31,7
Versicherungswesen	10,8	19,1
IKT	14,9	3,9
Telekommunikation	11,7	1,7
Bau	4,6	2,5
andere Dienstleistungen	4,4	2,5
Durchschnitt (Dienstleistungen)	**8,5**	**8,9**

Quelle: ECORYS (2009), Non-Tariff Measures in EU-US Trade and Investment – An Economic Analysis. Study for the European Commission, DG Trade.

Nichttarifäre Handelshemmnisse (vgl. Tabelle) führen im Gütersektor dazu, dass EU Unternehmen bei Exporten in die USA mit zusätzlichen Kosten in Höhe von durchschnittlich 25,4 Prozent konfrontiert sind bzw. Güter aus Europa in die USA mit einem Zolläquivalent von 25,4 Prozent belegt werden. US Unternehmen müssen in diesem Sektor bei Exporten nach Europa mit durchschnittlich 21,5 Prozent an Mehrkosten rechnen. Damit werden Güterexporte aus der EU in die USA mit Handelsbarrieren stärker beschränkt als Güterexporte aus den USA in die EU. Am stärksten, und das gilt für beide Handelsrichtungen, wird durch nichttarifäre Handelshemmnisse der bilaterale Handel zwischen der EU und den USA im Bereich Lebensmittel und Getränke gehemmt. Außerdem scheint das NTB Niveau im KFZ-Sektor (in der EU als auch in den USA) relativ hoch zu sein. Im Dienstleistungssektor liegen im Durchschnitt geringere nichttarifäre Handelsbarrieren vor als im Gütersektor. Auffallend ist die asymmetrische

Verteilung der Handelshemmnisse in diesem Sektor. So werden z.b. europäische Exporteure im IKT-Sektor in den USA mit zusätzlichen Kosten in Höhe von 3,9 Prozent konfrontiert, während Exporte in die EU mit durchschnittlich 14,9 Prozent durch nichttarifäre Barrieren beschränkt sind. Allerdings ist bei diesen Werten Vorsicht geboten, da diese nicht mit anderen Studien bzw. ermittelten NTB-Niveaus verglichen werden können. Zudem fallen bei der Quantifizierung der nichttarifären Handelsbarrieren die Ergebnisse des MIRAGE Konsortiums tendenziell höher aus als in der Ecorys Studie.

2.3 Ifo-Studie zum transatlantischen Freihandelsabkommen zwischen den USA und der EU

2.3.1. Einführende Bemerkungen

In der Analyse werden die Handelsschaffungs- und Handelsumlenkungseffekte sowie die Wohlfahrtseffekte, welche aus einem Zustandekommen eines Freihandelsabkommens zwischen den USA und der EU resultieren könnten, betrachtet. Dabei werden verschiedene Liberalisierungsszenarios zwischen der EU und den USA simuliert. Zudem werden mögliche Effekte auf den Arbeitsmärkten, Produktivitätseffekte und firmengrößenspezifische Effekte hergeleitet. Zum Schluss erfolgt eine Betrachtung auf sektoraler Ebene.

2.3.2. Handelsschaffungs-, Handelsumlenkungs- und Wohlfahrtseffekte

Aufbauend auf EGGER und LARCH (2011) erfolgt zunächst mit Hilfe eines zweistufigen Schätzmodells eine strukturelle ökonometrische Schätzung der Handelseffekte von real existierenden Abkommen. Damit werden somit zunächst direkte Effekte bereits existierender Freihandelsabkommen ermittelt, um den durchschnittlichen Anstieg des bilateralen Handels für das transatlantische Abkommen zu ermitteln. Dadurch werden neben Zölle auch nichttarifäre Handelsbarrieren einbezogen. Entscheidend ist, aus Sicht des ifo-Instituts, dass das nicht-zufällige Zustandekommen von Freihandelsabkommen berücksichtigt wird. Zudem wird das Auftreten von Nullhandelsbeziehungen miteinbezogen. Außerdem werden die Monopolmacht von Unternehmen, Marktzu- und –austritt und die Heterogenität innerhalb der EU genauer betrachtet. Nach einer Parameterschätzung werden die Effekte eines Abkommens durch Simulation des Modells quantifiziert. Dabei legt das Modell besonderes Augenmerk auf die Reallokationseffekte innerhalb von Industrien, weil der Handel zwischen der EU und den USA durch ein hohes Maß an intra-industriellen Handel gekennzeichnet ist.

In der Quantifizierung der Handels- und Wohlfahrtseffekte werden insgesamt 126 Länder miteinbezogen.

Effekte eines umfassenden Freihandelsabkommens

Handelsschaffungseffekte:

Über real existierende Handelsabkommen hinweg, zeigen die ökonometrischen Schätzungen des ifo-Instituts langfristige Handelsschaffungsgewinne in Höhe von durchschnittlich 67 Prozent. Unter Berücksichtigung von allgemeinen Gleichgewichtseffekten kommt es zu einem deutlichen durchschnittlichen Zuwachs des Handels zwischen den USA und der EU. Der Handel nimmt um durchschnittlich 79 Prozent zu. Die Handelsschaffung fällt in dieser Studie höher aus, als in anderen Analysen. Zudem fällt die Handelsschaffung höher aus, als aus einer reinen Zolleliminierung zu erwarten gewesen wäre.

Handelsumlenkungseffekte:

Durch ein umfassendes Handelsabkommen nimmt der Handel zwischen Länderpaaren zu, die nicht direkt betroffen sind. Im Durchschnitt steigt Handel zwischen nicht betroffenen Länderpaare um 3,4 Prozent. Zudem reduzieren Länder den bilateralen Handel mit Partnerländern. In einigen Fällen wird nach Einführung von TTIP der Handel zwischen einigen kleinen Staaten sogar ganz eingestellt. Von Handelsumlenkungseffekten sind am stärksten jene Staaten betroffen, die sich in der geografischen Nähe von den USA und den EU-Ländern befinden. Diese Staaten sind negativ von einem Abkommen betroffen, weil eines ihrer wichtigsten Handelspartner mit anderen Ländern ein Abkommen abschließt, welches den Handel von ihnen auf die Mitgliedstaaten des Abkommens umlenkt. Außerdem zeigt die ifo-Analyse, dass im Median viele Staaten kaum von einem möglichem transatlantischen Abkommen betroffen sind.

Wohlfahrtseffekte:

Im verwendeten Modell ist die Wohlfahrt identisch mit dem realen Einkommen. Es wird somit die Veränderung des realen Bruttoinlandsproduktes betrachtet. In dieser Simulation wird eine Substitutionselastizität in Höhe von acht unterstellt. Eine höhere Substitutionselastizität bedeutet, dass die Konsumenten eher bereit sind, ein Gut für ein anderes, ähnliches aufzugeben. Diese Annahme spielt eine zentrale Rolle für die möglichen Wohlfahrtseffekte eines transatlantischen Freihandelsabkommens.

Abbildung 2: Wohlfahrtseffekte eines umfassenden Abkommens in %

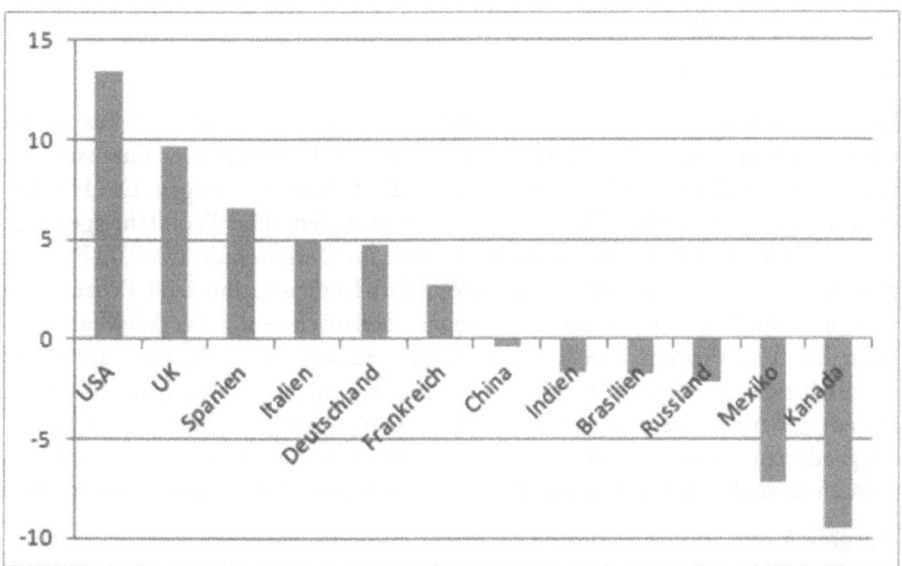

Quelle: IFO (2013a), Dimensionen und Auswirkungen eines Freihandelsabkommens zwischen der EU und den USA – Studie im Auftrag des Bundesministeriums für Wirtschaft und Technologie, Endbericht München.

Insgesamt nimmt im Durchschnitt das reale Welteinkommen in der langen Frist um 3,3 Prozent zu. Die USA und Großbritannien würden am meisten von einem umfassenden Abkommen profitieren. Die USA dürfte mit einem Wohlfahrtsgewinn in Höhe von 13,4 Prozent rechnen. In Großbritannien steigt das reale BIP immerhin noch um 9,7 Prozent. In Deutschland würde die Wohlfahrt um 4,7 Prozent zulegen, in Frankreich um 2,6 Prozent. Die südeuropäischen EU-Mitgliedstaaten Spanien, Griechenland und Italien dürften von einem Abkommen mit höheren Zuwächsen des realen Einkommens rechnen als Deutschland. In diesen Ländern würde die Wohlfahrt in der langen Frist in einer Bandbreite von 4,9 bis 6,5 Prozent zulegen. Alle zukünftigen Mitgliedstaaten könnten durch das Abkommen mit einer höheren Wohlfahrt rechnen. Die positiven Wohlfahrtseffekte resultieren zum einen aus einer Ausweitung der Verfügbarkeit von ausländischen Produkten und zum anderen aus einer Erhöhung der Kaufkraft der Haushalte. Durch geringere Handelskosten sinken die Preise und dadurch der Verbraucherpreisindex. Dies führt dazu, dass die Kaufkraft des Einkommens zunimmt. Staaten, mit denen die EU und die USA bereits Freihandelsabkommen unterhalten, wären die wichtigsten Verlierer. Dazu zählen vor allem die NAFTA-Mitgliedstaaten Kanada und Mexiko. Des Weiteren fällt auf, dass die BRIC-Staaten durch ein transatlantisches Abkommen Wohlfahrtsverluste erleiden müssten.

Effekte einer reinen Zolleliminierung

Die Effekte fallen bei einer reinen Zolleliminierung deutlich geringer aus als bei einem umfassenden transatlantischen Freihandelsabkommen. Der durchschnittliche Zuwachs des Handels würde nur noch fünf Prozent betragen. Die Handelsumlenkung würde ebenfalls weniger stark ausfallen. Die Wohlfahrtsgewinne wären sehr klein. Die globale Wohlfahrt würde im Durchschnitt um 0,09 Prozent zulegen. In Deutschland würde die Wohlfahrt langfristig um 0,24 Prozent zunehmen. Die USA dürfte bei einer reinen Zollabschaffung der Wohlfahrtsgewinn bei 0,75 Prozent liegen. Diese Zahlen machen deutlich, dass der große Wohlfahrtsgewinn erst bei einer Abschaffung von nichttarifären Handelshemmnissen generiert werden würde. Wohlfahrtsverluste würden die NAFTA-Mitgliedstaaten Kanada und Mexiko sowie die BRIC-Staaten erleiden. Allerdings würden diese deutlich geringer ausfallen als bei einem umfassenden Abkommen.

Vergleich mit anderen Studien

Die berechneten Wohlfahrtseffekte einer umfassenden Handelsliberalisierung fallen in der ifo-Studie deutlich stärker aus als in anderen Studien. In der Studie des CEPR („Reducing Transatlantic Barriers to Trade and Investment: An Economic Assessment") fallen für die USA, die durch ein Abkommen induzierten Wohlfahrtssteigerungen erheblich geringer aus als in der Studie des ifo-Instituts. Bei einem umfassenden Abkommen dürften die Vereinigten Staaten mit Wohlfahrtsgewinnen zwischen 0,21 und 0,39 Prozent rechnen. Das ifo-Institut hat eine Zunahme des realen Bruttoinlandsprodukts in Höhe von 13 Prozent ermittelt. Diese Größenordnung ist allerdings völlig unplausibel bzw. zu hoch.

Abbildung 3: Wohlfahrtsgewinne für die USA durch ein umfassendes Abkommen

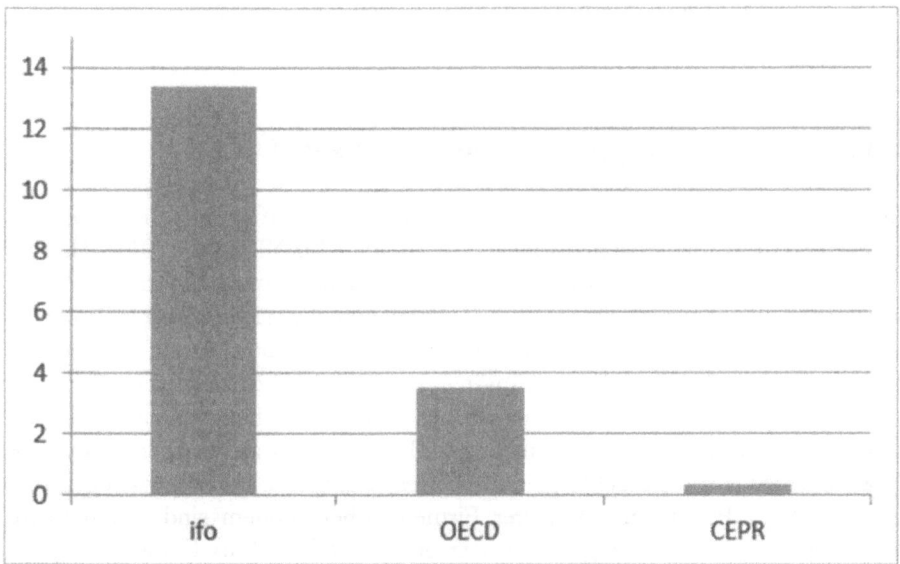

Quellen: FRANCOIS et al. (2013), Reducing Transatlantic Barriers to Trade and Investment, London: CEPR (for the European Commission); IFO (2013a), Dimensionen und Auswirkungen eines Freihandelsabkommens zwischen der EU und den USA – Studie im Auftrag des Bundesministeriums für Wirtschaft und Technologie, Endbericht München; Organisation for Economic Co-operation and Development (OECD) (2013), The Transatlantic Trade and Investment Partnership: Why does it matter?, Paris.

Eine Studie der OECD kommt für die USA auf Wohlfahrtsgewinne zwischen drei und 3,5 Prozent. Somit unterscheiden sich die in den Studien ermittelten Wohlfahrtseffekte für die USA sehr stark voneinander. Die jeweils ermittelten Wohlfahrtseffekte für die EU unterscheiden sich ebenso stark voneinander. Das CEPR schätzt für die EU, dass die dortige Wohlfahrt durch ein umfassendes Abkommen zwischen 0,27 und 0,48 Prozent zulegen könnte. Der OECD hat für die EU eine Erhöhung der Wohlfahrt zwischen drei und 3,5 Prozent kalkuliert. Das ifo-Institut beziffert den Wohlfahrtsgewinn für die EU auf durchschnittlich fünf Prozent. Somit unterscheiden sich die Ergebnisse der Studien für die EU ebenfalls deutlich voneinander. Die Unterschiede resultieren daraus, dass die Institute jeweils andere Modelle zur Ermittlung der Wohlfahrtseffekte durch ein umfassendes Abkommen verwenden. Das CEPR verwendet z.B. ein CGE-Modell. Des Weiteren beruhen die Resultate auf Unterschieden in den im jeweils verwendeten Modell getroffenen Annahmen bezüglich der Marktform. Während im Modell des ifo-Instituts die Marktform der monopolistischen Konkurrenz herrscht, wird im Modell des CEPR vollständige Konkurrenz und teilweise oligopolistischer Wettbewerb unterstellt. Zudem dürfte die unterschiedliche Modellierung bzw. Handhabung der nichttarifären Handelsbarrieren zu divergenten Ergebnissen führen.

2.3.3. Beschäftigungs- und Produktivitätseffekte

Das ifo-Institut verwendet zur Analyse möglicher Beschäftigungs- und Produktivitätseffekte das theoretische Modell von FELBERMEYR et al. (2011). Hierbei handelt es sich um eine Erweiterung des Außenhandelsmodells von Melitz. Es wird dabei angenommen, dass sich die Unternehmen hinsichtlich ihrer Produktivität unterscheiden. Unterschiedliche Produktivität bedeutet, dass Unternehmen sich hinsichtlich der Produktion, Umsätze, Profite und in der Preissetzung unterscheiden. Unternehmen mit einer höheren Produktivität, haben niedrigere Grenzkosten und können daher niedrigere Preise setzen als weniger produktive Konkurrenten. Da die Nachfrage nach Gütern elastisch auf Preissenkungen reagiert, sind die Profite produktiverer Firmen höher. Zudem sind produktivere Unternehmen größer (bezüglich Umsatz und Produktion) als Firmen mit einer geringeren Produktivität. Zudem herrscht die Marktform der monopolistischen Konkurrenz. Die Unternehmen betreiben Produktdifferenzierung und schaffen sich damit monopolistische Marktnischen. Dies ermöglicht die simultane Koexistenz von Unternehmen unterschiedlicher Produktivität im Gleichgewicht.

Da der Zutritt in unterschiedliche Märkte (Heimatmarkt, Exportmärkte) fixe Kosten und variable Handelskosten verursacht, werden nur die produktivsten Unternehmen auf allen Märkten präsent sein. Weniger produktive Firmen werden nur in jene Märkte ihre Güter exportieren, in denen die Eintrittskosten relativ gering sind. Es erfolgt somit eine Segmentierung der Firmenverteilung in weniger und mehr exportorientierte Firmen.

Des Weiteren werden in das Außenhandelsmodell Sucharbeitslosigkeit und realistische Arbeitsmarktinstitutionen eingebaut. Es erfolgt eine genaue Modellierung des Suchprozesses auf den Arbeitsmärkten. Hierbei unterscheiden sich die gesuchten Qualifikationsprofile von Firmen und die von Arbeitern angebotenen Qualifikationsprofile voneinander. Daher bedarf es Zeit und Kosten die beiden Marktseiten zusammenzuführen. Dieser Suchprozess wird mit Hilfe einer Matchingfunktion approximiert. Wenn der Matchingprozess erfolgreich war, muss in einem nächsten Schritt über den Lohn verhandelt werden. Dabei begrenzen bereits entstandene Suchkosten die Marktmacht der beiden Marktseiten. Die Suchkosten werden als Investitionen modelliert.

In der Analyse werden fünf Regionen betrachtet: Deutschland, USA, EU26, der Rest von NAFTA und der Rest der Welt. Es erfolgt somit eine Reduktion der regionalen Details. Das ifo-Institut untersucht drei Szenarien. Im Zollszenario wird die vollständige Beseitigung aller Importzölle unterstellt. In das vom ifo-Institut präferierte NTB-Szenario werden alle Importzölle abgeschafft und die bilateralen Handelshemmnisse soweit reduziert, bis eine Handelsschaffung von 76 Prozent erreicht wird. Die Reduzierung der nichttarifären Handelshemmnisse erfolgt hierbei vollständig über eine Senkung der variablen Handelskosten. Im dritten Szenario („Binnenmarktszenario") erfolgt eine Reduktion der effektiven variablen Handelsbarrieren auf jene Niveaus, die das ifo-Institut für die Handelsbeziehungen innerhalb der EU berechnet hat.

Beschäftigungseffekte

Es zeigt sich, dass von einer reinen Zolleliminierung nur sehr geringe Effekte auf die Arbeitsmärkte der Handelspartner ausgehen würden. Im Zollszenario würde die Arbeitslosenzahl in der EU-27 um 12.000 Jobs sinken. In den USA dürften knapp 6000 neue Arbeitsplätze entstehen. Die Arbeitslosenquote würde sich in beiden Wirtschaftsräumen bei einer reinen Aufhebung der Importzölle im Vergleich zum Basisgleichgewicht nicht verändern.

Tabelle 7:   Effekte auf die Arbeitsmärkte

	Deutschland	USA	EU26
Arbeitslosenquote in %			
Basisgleichgewicht	6,90	4,60	8,70
Zollszenario	6,90	4,60	8,70
NTB-Szenario	6,85	4,55	8,64
Binnenmarktszenario	6,70	4,49	8,38
Arbeitslosenzahl (in Tausend, absolute Veränderung)			
Zollszenario	-2,10	-6,25	-9,89
NTB-Szenario	-25,22	-68,79	-98,91
Binnenmarktszenario	-109,30	-103,19	-280,89

Quellen: IFO (2013a), Dimensionen und Auswirkungen eines Freihandelsabkommens zwischen der EU und den USA – Studie im Auftrag des Bundesministeriums für Wirtschaft und Technologie, Endbericht München.

Im NTB-Szenario sinkt die Arbeitslosenzahl in der EU und in den USA um insgesamt 193.000. In Drittländern dürfte es zu einem Anstieg der Arbeitslosenzahl kommen. Die Zahl der Arbeitslosen würde in diesen Ländern um insgesamt 165.000 Jobs zunehmen. Der weltweite Nettoeffekt wäre daher positiv. Weltweit würden netto 28.000 Jobs entstehen. Bei einer ambitionierten Absenkung der nichttarifären Handelsbarrieren („Binnenmarktszenario") würden bis zu 110.000 neue Arbeitsplätze in Deutschland bzw. 390.000 Arbeitsplätze in der EU entstehen. In den USA dürften 103.000 neue Jobs entstehen. Der Nettoeffekt für die Welt dürfte 260.000 Arbeitsplätze betragen. Somit verliert der Rest der Welt etwa 233.000 Jobs.

Eine ambitionierte Absenkung der nichttarifären Barrieren dürfte zudem zu einem deutlichen Anstieg der Reallöhne in Deutschland führen. Es würden sich Steigerungen des durchschnittlichen Reallohnes um etwa 6,18 Prozent in der EU und um 5,25 Prozent in den USA ergeben.

Tabelle 8: Reallohn (Veränderung relativ zum Basisszenario, in %)

	Deutschland	USA	EU 26
Zollszenario	0,13	0,17	0,13
NTB-Szenario	1,60	2,15	1,67
Binnenmarktszenario	8,32	5,25	6,18

IFO (2013a), Dimensionen und Auswirkungen eines Freihandelsabkommens zwischen der EU und den USA – Studie im Auftrag des Bundesministeriums für Wirtschaft und Technologie, Endbericht München.

Im NTB-Szenario dürfte der Nominallohn in Deutschland um 0,99 Prozent zulegen. In den USA bliebe dieser nahezu unverändert. Der durchschnittliche Reallohn dürfte in Deutschland um 1,6 Prozent und in den USA um etwa 2,15 Prozent steigen. In den NAFTA Ländern Kanada und Mexiko dürften die Reallöhne im Durchschnitt um 1,1 Prozent fallen. Die Zunahme des Reallohnes in der EU und in den USA lässt sich auf eine höhere Durchschnittsproduktivität des Faktors Arbeit und auf ein geringeres Preisniveau aufgrund von geringeren variablen Handelskosten zurückführen. Aufgrund des Anstiegs der Reallöhne bleibt die Anzahl neuer Arbeitsplätze beschränkt. Die Freihandelsinitiative hat keinerlei Auswirkungen auf die strukturelle Arbeitslosenquote.

Produktivitätseffekte

Der Anstieg der Durchschnittsproduktivität des Faktors Arbeit dürfte durch diverse Reallokationseffekte ausgelöst werden. Handelsliberalisierung führt dazu, dass unproduktive Unternehmen von produktiven Firmen vom Markt verdrängt werden. Dies löst eine Reallokation von Beschäftigung aus. Der Faktor Arbeit wird in Firmen mit relativ geringer Arbeitsproduktivität reduziert und in Unternehmen mit relativ hoher Arbeitsproduktivität vermehrt nachgefragt. Damit steigt der Anteil produktiver Firmen an der Gesamtbeschäftigung. Der auf diese Weise entstehende positive Produktivitätseffekt ist die Hauptursache für die Zunahme der Wohlfahrt in der EU und in den USA.

Tabelle 9:   Veränderung der durchschnittlichen Arbeitsproduktivität (in %)

	Deutschland	USA	EU26
Zollszenario	0,06	0,07	0,07
NTB-Szenario	1,14	1,14	1,33
Binnenmarktszenario	5,65	3,70	3,82

Quelle: IFO (2013a), Dimensionen und Auswirkungen eines Freihandelsabkommens zwischen der EU und den USA – Studie im Auftrag des Bundesministeriums für Wirtschaft und Technologie, Endbericht München.

Von einer reinen Abschaffung der Importzölle dürften keinerlei bzw. geringe positive Produktivitätseffekte ausgehen. Im NTB-Szenario ist der Produktivitätseffekt in der EU und in den USA deutlich ausgeprägt. In diesem Szenario dürfte die Durchschnittsproduktivität des Faktors Arbeit in Deutschland um 1,14 Prozent zulegen. Im ambitionierten Binnenmarktszenario ist der vom ifo-Institut ermittelte Produktivitätseffekt enorm ausgeprägt. Des Weiteren ist zu beachten, dass durch ein transatlantisches Freihandelsabkommen die Produktivität in Drittmärkten abnimmt. Durch die Verdrängung von Exporten wird Arbeit verstärkt in nicht-exportorientierte Unternehmen, welche per Annahme weniger produktiv als exportorientierte Firmen sind, eingesetzt. Allerdings fallen die negativen Produktivitätseffekt relativ niedrig aus. Höhere Produktivität der heimischen Firmen und erhöhter Wettbewerb durch Eintritt ausländischer Unternehmen führt zu einer Reduktion der durchschnittlichen Preise für heimische Konsumenten. In allen drei Szenarien sinken die Preise im Vergleich zum Basisgleichgewicht.

2.4 Sektorale Effekte

Makroökonomische Analyse

Auf sektoraler Ebene wird in der ifo-Makroanalyse lediglich der vollständige Abbau von Importzöllen simuliert. Zur Ermittlung der Handels- und Outputeffekte eines Abkommens innerhalb der Sektoren (Agrarwirtschaft, Industrie und Dienstleistungen) verwendet das ifo-Institut ein CGE-Modell. Im Agrar- und Industriesektor werden alle Zölle aufgehoben. Im Dienstleistungssektor wird davon ausgegangen, dass der Marktzugang zu Dienstleistungen liberalisiert wird (GATS). Die Effekte sind für das Jahr 2025 kalkuliert. Die USA verzeichnen Exportzuwächse in allen drei Sektoren von 2,5 bis 3,5 Prozent. Für Deutschland liegen Exportzuwächse in den drei Sektoren unter einem Prozent. Die traditionell exportstarken deutschen Industrien (KFZ, Maschinenbau und Chemie) dürften ihre Exporte um bis 1,65 Prozent (KFZ) ausbauen.

Die Exportzuwächse im amerikanischen Agrarsektor dürften deutlich stärker als im deutschen Agrarsektor steigen. Zudem weist der amerikanische Agrarsektor eine höhere Variation in den Exportzuwächsen aus (0,23% bis 33,78%). Im Dienstleistungssektor steigen die Finanz- und Kommunikationsdienstleistungen in den USA weitaus stärker an als in Deutschland. Es fällt insgesamt auf, dass die USA in allen drei Sektoren mit höheren Exportzuwächsen rechnen kann als Deutschland.

Tabelle 10: Prozentuale Änderung der deutschen und USA-Exporte nach Sektoren

	US Exporte	Deutsche Exporte
Agrarsektor	**3,54**	**0,16**
Fleisch	31,44	-2,11
Lebensmittel	5,16	0,39
Getränke und Tabak	8,60	0,83
Erdöl	1,14	-0,16
Industriesektor	**3,17**	**0,74**
Kraftfahrzeuge und Fahrzeugteile	6,33	1,65
Chemische, Gummi- und Kunststoff	3,55	0,92
Maschinen und maschinelle Anlagen	2,51	0,82
Energie Sektor	0,30	-0,04
Dienstleistungen	**2,46**	**0,42**
Kommunikation	13,06	1,73
Finanzdienstleistungen	10,49	0,16
Bau	0,27	-0,08
Elektrizität	0,42	-0,26

Quelle: IFO (2013a), Dimensionen und Auswirkungen eines Freihandelsabkommens zwischen der EU und den USA – Studie im Auftrag des Bundesministeriums für Wirtschaft und Technologie, Endbericht München.

Die bilateralen Exportveränderungen fallen im Vergleich zu den sektoralen Exportveränderungen mit der gesamten Welt höher aus. In Deutschland nehmen in allen drei übergeordneten Sektoren die Ausfuhren in die USA zu. Die prozentual stärkste Zunahme an Exporten in die USA dürfte, der deutsche Agrarsektor verzeichnen.

Tabelle 11: Prozentuale Änderung der sektoralen bilateralen US-Deutschen Exporte

	US Exporte	Deutsche Exporte
Agrarsektor	**56,02**	**28,56**
Fleisch	4267,17	33,41
Lebensmittel	71,32	29,49
Getränke und Tabak	60,50	14,04
Erdöl	1,21	-1,07
Industriesektor	**17,85**	**11,1**
Chemische, Gummi- und Kunststoff	18,29	16,28
Kraftfahrzeuge und Fahrzeugteile	51,85	11,45
Maschinen und maschinelle Anlagen	10,12	13,06
Energie Sektor	0,29	0,12
Dienstleistungen	**1,44**	**3,78**
Kommunikation	17,39	17,39
Finanzdienstleistungen	10,64	12,81
Bau	0,33	-0,17
Elektrizität	0,68	-0,62

Quelle: IFO (2013a), Dimensionen und Auswirkungen eines Freihandelsabkommens zwischen der EU und den USA – Studie im Auftrag des Bundesministeriums für Wirtschaft und Technologie, Endbericht München.

Die USA profitieren deutlich stärker in den Agrar- und Industriesektoren, während Deutschland seine Dienstleistungsexporte stärker ausbauen kann als der amerikanische Dienstleistungssektor. Insgesamt fällt auf, dass ein Freihandelsabkommen, welches sich nur auf den Abbau von Importzöllen beschränkt, zu einer deutlichen Zunahme der bilateralen Exporte führt. Die direkten Exporteffekte fallen in den USA als auch in Deutschland relativ stark aus. Handelsumlenkungseffekt führen allerdings dazu, dass die USA bei einer reinen Zolleliminierung stärkere Exportzuwächse verzeichnen dürften als Deutschland. Dies manifestiert sich in den ermittelten Wohlfahrtseffekten. Diese fallen zwischen den USA und Deutschland sehr asymmetrisch aus. Die USA dürfte mit einem Zuwachs des Realeinkommens in Höhe von 0,11 Prozent rechnen, während Deutschland einen Zuwachs der Wohlfahrt von nur 0,03 Prozent erwarten kann.

Mikroökonomische Analyse bzw. Strukturperspektiven

In der mikroökonomischen Analyse werden die zu erwartenden Handelseffekte eines transatlantischen Freihandelsabkommens auf sektoraler Ebene auf Basis des Gravitationsmodells ermittelt. Es werden die zu erwartenden Veränderungen des Handels zwischen den USA und Deutschland quantifiziert. Methodisch wird ein vollständig saturiertes Fixeffektmodell auf Paneldaten für Jahresdaten auf Industrieebene von 1998 bis 2007 verwendet. Somit werden in der Analyse die Krisenjahre ausgeschlossen. In dieser Studie werden bilaterale Handelsdaten auf Industrieebene des CEPII (BACI-Daten) verwendet. Es wird unterstellt, dass das transatlantische Freihandelsabkommen zu ähnlichen Handelsschaffungseffekten führen wird, wie für bereits existierende Freihandelsabkommen tatsächlich beobachtet werden kann. Dieses Resultat wird als glaubwürdigster Schätzer für die Effekte eines transatlantischen Abkommens verwendet. Damit wird eine einfache Quantifizierung der Effekte eines Abkommens auf nichttarifäre Barrieren zugelassen. Es wird angenommen, dass eine vollständige Abschaffung der Importzölle zwischen den USA und der EU erfolgt. Des Weiteren wird Symmetrie unterstellt, d.h., dass Exporte und Importe gleichermaßen von einem möglichen Abkommen betroffen sind. Die ermittelten Effekte sind partialanalytischer Natur. Somit werden nur die Handelsschaffungseffekte ermittelt. Zudem bleibt die endogene Anpassung der Bruttoinlandsprodukte in dieser Analyse unberücksichtigt.

Tabelle 12:   Sektorale Handelseffekte von TTIP auf den Deutschland-US-Handel

Sektor	Handelsschaffung (in %)
Land- und Forstwirtschaft, Fischerei	47,40
Ernährungsgewerbe und Tabak	65,68
Herstellung von chemischen Erzeugnissen	21,65
Herstellung von Gummi- und Kunststoffwaren	14,80
Metallerzeugung und -bearbeitung	52,65
Maschinenbau	16,42
Fahrzeugbau	16,88

IFO (2013b), Bertelsmann Stiftung (2013), Bundesländer, Branchen und Bildungsgruppen, Wirtschaftliche Folgen eines Transatlantischen Freihandelsabkommens (THIP) für Deutschland, Mikroökonomische Analyse (erstellt von Felbermayr, G.; Lehwald, S., Schoof, U.; Ronge, M.), Bertelsmann Stiftung, Gütersloh.

Die zu erwartenden Veränderungen des bilateralen Handels durch ein transatlantischen Handels sind größtenteils positiv. Die positiven Handelseffekte kommen in dieser Studie vor allem durch eine Absenkung der nichttarifären Handelsbarrieren zustande. Nur im Textil- und Bekleidungsgewerbe werden keine positiven Handelszuwächse erwartet. Insbesondere das Ernährungsgewerbe sowie die Metallindustrie würden von einem Abkommen profitieren. Hier dürften die Handelszuwächse mehr als 50 Prozent betragen. Die Handelsströme in der Land- und Forstwirtschaft dürften ebenfalls stark zunehmen. Moderate positive Handelsschaffungseffekte wurden für den Maschinenbau und den Fahrzeugbau ermittelt. Hier liegen die ermittelten Handelszuwächse zwischen 16 und 17 Prozent. Die Zuwächse fallen geringer aus als in anderen Sektoren, weil die bilateralen Handelsbeziehungen im Maschinenbau und Fahrzeugbau bereits auf einem hohen Niveau sein dürften. Für die Chemiebranche liegt der zu erwartende Handelszuwachs bei 22 Prozent.

Vergleich mit anderen Studien

Auf sektoraler Ebene wird in der Studie des CEPR auf zwei Szenarien abgestellt. Es wird jeweils ein ambioniertes und weniger ehrgeiziges Liberalisierungsszenario betrachtet. In beiden Szenarien erfolgt eine vollständige Eliminierung der Importzölle. Der Unterschied besteht in der Reduktion der nichttarifären Handelsbarrieren. Im weniger ambitionierten Szenario werden 10 Prozent aller nichttarifären Handelsbarrieren im Industrie- und Dienstleistungssektor abgeschafft und 25 Prozent aller NTBs in der öffentlichen Beschaffung eliminiert. Im ambitionierten Szenario werden 25 Prozent aller NTBs im Industrie- und Dienstleistungssektor beseitigt und 50 Prozent der NTBs in der öffentlichen Beschaffung. Somit werden im Vergleich zur ifo-Studie die Effekte eine Reduzierung der nichttarifären Handelsbarrieren auf sektoraler Ebene simuliert. Wegen starker Bedenken hatte das ifo-Institut davon abgelassen. Beide Institute verwenden zur Ermittlung der Effekte eines transatlantischen Freihandelsabkommens ein CGE-Modell.

Tabelle 13: **Changes in extra-EU and US exports by sector (in per cent)**

Sector	US exports		Extra-EU exports	
	less amb.	ambitious	less amb.	ambitious
Processed foods	4,58	6,85	5,21	9,36
Chemicals	7,71	11,49	5,07	9,26
Motor vehicles	34,36	59,47	20,11	41,75
Electrical machinery	3,35	8,86	0,04	-0,01
Other machinery	3,66	5,35	1,68	1,47
Metals, metal proucts	12,79	22,45	7,15	12,07
Finance	1,14	2,40	2,20	4,37
Communications	2,39	5,03	0,64	1,27
Construction	0,95	2,20	0,33	0,64
Total	4,75	8,02	3,37	5,91

Quelle: FRANCOIS et al. (2013), Reducing Transatlantic Barriers to Trade and Investment, London: CEPR (for the European Commission).

Im Vergleich zur ifo-Makroanalyse fallen die vom CEPR errechneten Exportveränderungen teilweise deutlich stärker aus. Das ifo-Institut hat in der Makroanalyse für die amerikanische Automobilwirtschaft eine Steigerung der Exporte in Höhe von 6,33 Prozent ermittelt, während das CEPR auf positive Exportveränderungen zwischen 34 und 59 Prozent kommt. Damit dürften die nichttarifären Handelsbarrieren im Automobilsektor eine dominante Rolle spielen. Allerdings dürften wie ebenfalls in der Studie des ifo-Instituts, die amerikanischen Autobauer von einem Abkommen deutlich stärker profitieren als die europäischen bzw. deutschen Automobil-Hersteller. Zudem fallen die Ergebnisse des ifo-Instituts und des CEPR partiell komplett verschieden aus. So hat z.B. das ifo-Institut für die amerikanischen Finanzdienstleister eine Exportzunahme von 10,49 Prozent ermittelt. Im Vergleich dazu hat das CEPR einen Exportzuwachs zwischen 1,14 und 2,40 Prozent berechnet. Somit fällt die positive Exportveränderung in der CEPR-Studie erheblich geringer aus als in der Makrostudie des ifo-Instituts, obwohl beide Institute das gleiche Modell verwenden, und das CEPR im Gegensatz zum ifo-Institut die nichttarifären Handelsbarrieren im Dienstleistungssektor reduziert. Man hätte eigentlich erwartet, dass, wegen der Reduktion der NTBs, für die amerikanischen Finanzdienstleister die Exportzuwächse in der Analyse des CEPR deutlich stärker ausfallen als in der Makroanalyse des ifo-Instituts (bzw. die ifo-Werte geringer als bei CEPR sind).

Die bilateralen Exportveränderungen fallen in der Studie des CEPR deutlich größer aus als die sektoralen Exportveränderungen mit der ganzen Welt. Dieses Ergebnis gleicht den Befunden der ifo-Makroanalyse. Die bilateralen Exportzuwächse fallen in der Analyse des CEPR teilweise erheblich höher aus als in der Makrostudie des ifo-Instituts.

Tabelle 14: Changes in bilateral exports

Sector	US exports		EU exports	
	less amb.	ambitious	less amb.	Ambitious
Processed foods	56,5	74,8	26,1	45,5
Chemicals	23,0	34,2	20,0	36,2
Motor vehicles	207,4	346,8	71,0	148,7
Electrical machinery	21,9	44,1	18,3	35,0
Other machinery	14,4	16,7	7,60	6,6
Metals, metal proucts	52,7	88,1	42,4	68,2
Finance	2,4	4,9	4,3	8,5
Commnunications	5,0	10,5	0,6	0,9
Construction	3,1	6,6	1,8	3,1
Total	23,2	36,57	16,16	28,03

Quelle: FRANCOIS et al. (2013), Reducing Transatlantic Barriers to Trade and Investment, London: CEPR (for the European Commission).

Die Exportzuwächse fallen für die US-Firmen stärker aus als für die europäischen Unternehmen. Die größten Exportzuwächse dürfte im KFZ-Sektor realisiert werden. Amerikanische KFZ-Exporte in die EU dürften zwischen 207 und 346 Prozent zunehmen. Somit dürften die amerikanischen KFZ-Exporte stärker zunehmen als die europäischen Exporte von Kraftfahrzeugen in die USA. Gemäß den Ergebnissen des CEPR dürfte ein transatlantisches Freihandelsabkommen den EU-US KFZ-Sektor strukturell verändern. Des Weiteren fallen die Exportzuwächse im Industriesektor, in beiden Regionen, höher aus als in den anderen beiden übergeordneten Sektoren. Für den Dienstleistungssektor hat das CEPR nur geringe positive bilaterale Exportveränderungen ermittelt. Insgesamt dürfte somit die amerikanische und europäische Industrie Vorteile aus einem umfassenden transatlantischen Freihandelsabkommen ziehen. Wenige Befunde sind bislang mit Blick auf Sektorperspektiven verfügbar.

3. Methodische Fragen zur Wirkungsanalyse von Input-Output-Tabellen

Die Transatlantische Handelsliberalisierung wird Handelsschaffungseffekte sowie Produktions-, Strukturwandels- und Beschäftigungseffekte haben, die aus ökonomischen Modell-Analysen in der Literatur bzw. aus EIIW-Berechnungen hergeleitet werden. Die gezielte Information von Input-/Output-Analysen erlaubt zudem, sektorale Vorleistungsaspekte zu thematisieren und auch Verbindungseffekte zu identifizieren, die sich auf vor- und nachgelagerte Sektoren beziehen. Die Analyseperspektiven auf der Zuliefererseite sind von doppeltem Interesse:

- Je mehr Vorleistungsverflechtungen auf der Zulieferseite andere Sektoren betreffen, desto komplizierter sind die von Exportveränderungen ausgehenden Anpassungsprozesse; je stärker Vorleistungen innerhalb des Sektors im Inland anfallen, desto eher können die Unternehmen des jeweiligen Sektors die Herausforderungen aus TTIP aufnehmen und soweit es zu Anpassungsproblemen kommt, kann dann auch im Rahmen sektoraler Tarifverhandlungen fokussiert – und vermutlich effizient – nach Problemlösungen gesucht werden.
- Je stärker inländische Sektoren bzw. Zulieferer auf der Vorleistungsseite angesprochen sind, desto eher sind Probleme auf der Ebene der nationalen Wirtschaftspolitik angehbar.
- Je stärker ausländische Zulieferer betroffen sind, desto komplexer sind die Anpassungsprozesse und desto schwieriger ist es auch abzusehen, ob die beteiligten Akteure rechtzeitig auf die Herausforderungen sinnvoll reagieren können und werden.
- Je stärker bei ausländischen Zulieferern jeweils „fremde Sektoren" (fremd meint hier in Abgrenzung zum Ausgangssektor) betroffen sind, desto weniger ist damit zu rechnen, dass etwa deutsche multinationale Unternehmen des Ausgangssektors notwendige Anpassungsprozesse als firmeninterne Herausforderungen im Netzwerk von Muttergesellschaft und ausländischen Tochterunternehmen werden bewältigen können. Die Automobilwirtschaft und die Chemieindustrie sowie der IKT-Sektor sind drei Sektoren, die in erheblicher Weise auf der Produktionsseite durch international aufgespaltene Wertschöpfungsketten charakterisiert sind.

Wenn man auf Basis der für 2009 vorliegenden Werte von Input-Output-Tabellen in Deutschland und den USA eine Analyse für ausgewählte Sektoren mit ihren Perspektiven auf der Zulieferseite vornehmen will, dann ist Vorsicht geboten, da die USA und Deutschland sich doch in der ökonomischen Größe erheblich unterscheiden:

- Der Vergleich USA-Deutschland – in der Literatur nicht selten unkritisch vorgenommen – ist allein unzureichend, vielmehr ist auch eine parallele Analyse USA-EU notwendig, damit man in etwa vergleichbare Wirtschaftsräume von der Größe her analysiert. Wo etwa deutsche Unternehmen bisweilen auf EU-Vorlieferanten zurückgreifen, erscheint die Zulieferebene in den USA als häufig national dominiert. Für deutsche Unternehmen ergeben sich die Effekte eines transatlantischen Freihandelsabkommens einerseits unmittelbar aus der Änderung der Exporte in die USA bzw. aus den Änderungen der US-Exporte Richtung Deutschland; zum anderen aber auch aus den Änderungen der deutschen Exporte Richtung EU-Partner, soweit sich deren Bruttoinlandsprodukte bzw. Bruttonationaleinkommen als Folge des Freihandelsabkommen geändert haben (zur Vereinfachung wird hier nur auf die Einkommensänderungen als Impuls für veränderten Intra-EU-Handel abgestellt). So ist es etwa denkbar, dass ein transatlantisches Freihandelsabkommen in einem Sektor die Exporte deutscher Firmen Richtung USA erhöht, das aber zugleich der Anteil der von EU-Partnerländern bezogenen Vorleistungsimporte steigt – dann gibt es bei einem ökonomisch gewichtigen Sektor eine durch höhere Exporte in die USA bedingten makroökonomischen Expansionseffekt beim Bruttoinlandsprodukt in Deutschland, zu dem noch ein durch verstärkten Vorleistungsbezug aus EU-Partnern generierter Exportanstieg deutscher Firmen beim Intra-EU-Export kommt; soweit jedenfalls der verstärkte Bezug von Vorleistungen aus EU-Partnerländern dort das Bruttoinlandsprodukt steigen lässt – eine Steigerung des Bruttoinlandsproduktes gibt es darüber hinaus bei den EU-Partnerländern ggf. auch durch steigende nationale Exporte Richtung USA im Kontext des Freihandelsabkommens. Mit Blick auf die Arbeitsmarkteffekte bzw. die Nachfrage nach Qualifizierten und Ungelernten Arbeitskräften in Deutschland ist davon auszugehen, dass im Zuge einer allgemeinen Wettbewerbsintensivierung in einem integrierten transatlantischen Markt eine Tendenz deutscher Firmen zur Verlagerung einfacher bzw. mittel-technologieintensiver Wertschöpfungsbereiche bestehen wird, so dass sich in Deutschland die Nachfrage nach Geringqualifizierten vermindert und zugleich die Nachfrage nach Qualifizierten Arbeitnehmern erhöht. Denn die Firmen in Deutschland werden im Zuge des Strukturwandels ihre Wertschöpfung stärker als bisher auf technologie- und wissensintensive Produktionsbereiche ausrichten.

- Aus der Sicht deutscher Firmen bzw. der Bundesregierung ist aber in der Tat die breitere europäische Perspektive in der Regel angemessen, da etwa zu überlegen ist, ob die Zulieferer in EU-Partnerländer parallel zu einer erhöhten deutschen Exportproduktion expandieren – damit ergeben sich sektoral und häufig dann auch national Expansionsimpulse für das Bruttoinlandsprodukt von EU-Partnerländern, wodurch Deutschland doppelt profitiert: Die Intra-EU-Exporte werden ansteigen und zugleich sind höhere Gewinne deutscher Tochterunternehmen in EU-Partnerländern zu erwarten. Selbst wenn also ein verstärkter Export deutscher Firmen Richtung USA in einigen Sektoren zu einer Expansion der Wertschöpfung in EU-Partnerländern bzw. bei EU-Zulieferem führt, kann man nicht ohne weiteres davon ausgehen, dass hier insgesamt Nachteile für die deutsche Wirtschaft entstehen.

Vorliegende TTIP-Analysen – etwa des ifo-Institutes (IFO, 2013a, 2013b, 2013c) – haben bereits eine Reihe interessanter und wichtiger Effekte von TTIP ausgeleuchtet, allerdings ist methodisch kritisch anzumerken:

- Eine statische Analyse der Handelseffekte bezogen auf die EU (oder Deutschland) und die USA ist nicht angebracht, da hier zwei große Volkswirtschaften interagieren: Wenn etwa in den USA das Bruttoinlandsprodukt um einen Prozentpunkt ansteigen sollte, dann wird dadurch das Bruttoinlandsprodukt um etwa 1/6 Prozentpunkt via steigende Exporte erhöht (so jedenfalls kann man auf Basis etwa des QUEST-Modells der Europäischen Kommission argumentieren) und wenn das Bruttoinlandsprodukt in der EU um 1 Prozentpunkt ansteigt, dann steigt wiederum in den USA das Bruttoinlandsprodukt um vermutlich ebenfalls 1/6: Für die USA machen die Exporte in die EU etwa 20% ihrer Exporte, während die EU-Exporte Richtung USA für rund 18% der EU-Exporte (ohne Intra-EU-Exporte) stehen.
- Die TTIP-Analyse des ifo-Institutes (IFO, 2013b) erscheint im Bereich der Handelsanalyse für Deutschland teilweise überzeugend, aber die Studie hat methodische Probleme besonders mit Blick auf den Arbeitsmarkt, da die von einem Freihandelsabkommen ausgelöste Tendenz zu höherem Bezug von Vorprodukten aus EU-Partnerländern – vor allem im Bereich einfacher Vorprodukte bzw. mittlerer Technologien – nicht analytisch einbezogen wird. Das ifo-Institut (mit der Bezeichnung THIP für TTIP) kommt zu dem Schluss (IFO, 2013b, S. 36): „Das heißt, im Fall einer THIP erwarten wir in allen drei Bildungsgruppen Reallohnsteigerungen. Für geringqualifizierte Beschäftigte prognostizieren wir eine Steigerung der Reallöhne um ungefähr 0,9 Prozent, für Mittelqualifizierte einen Anstieg um 0,7 Prozent und für hoch qualifizierte Arbeitnehmer rechnen wir mit einer Steigerung der Reallöhne um 0,6 Prozent.

Für die einzelnen Berufsgruppen prognostizieren wir Reallohnveränderungen, die zwischen minus 5 Prozent (Fischereiberufe) und plus 5 Prozent (landwirtschaftliche Arbeitskräfte) liegen. Für Warenkaufleute, Warenprüfer und Versandfertigmacher, Straßen- und Tiefbauer und Metallfeinbauer identifizieren wir Reallohnsteigerungen von über einem Prozent. Dies gilt auch für Speisenbereiter, sozialpflegerische Berufe und Körperpfleger. Dies macht ein weiteres Mal deutlich, dass die gesamte Volkswirtschaft von einem transatlantischen Abkommen erheblich profitieren würde. Denn obwohl wir in diesem zweiten Abschnitt nur die direkten Handelseffekte über das produzierende Gewerbe betrachten, ist zu erkennen, dass beispielsweise auch Reinigungsberufe oder andere Dienstleistungskaufleute deutliche Reallohnsteigerungen realisieren." Eine ifo-Prognose zur Auswirkung eines transatlantischen Freihandelsvertrages für die Arbeitsmärkte, die davon ausgeht, dass die Reallöhne von Geringqualifizierten stärker ansteigen als die von Arbeitnehmern mit mittlerer oder hoher Qualifikation, ist wenig überzeugend und steht eben auch für die unzureichende Berücksichtigung der von einem solchen Vertrag ausgelösten Intra-EU-Handelsänderungen insgesamt. Aus der hier entwickelten theoretischen Sicht ist eindeutig ein relativ stärkerer Anstieg der Nachfrage nach qualifizierten Arbeitnehmern als Folge der Realisierung eines transatlantischen Freihandelsabkommens zu erwarten und daher wird dann der Anstieg der Löhne qualifizierter Arbeitnehmer höher als der von Ungelernten ausfallen.

- Da sowohl viele EU-Firmen stark in den USA mit Tochterunternehmen aktiv sind und US-Firmen stark in der EU als Direktinvestoren präsent sind, ist die Verbindung zwischen Handel, Einkommen, Innovationsdynamik und Direktinvestitionen zu betrachten. Eine unerlässliche Zusatzperspektive jenseits der Handelseffekte sollte jedenfalls gerade die Direktinvestitionsaspekte einbeziehen, da sonst falsche wohlfahrtsökonomische Schlussfolgerungen gezogen werden könnten.

Wenn etwa deutsche Firmen einen Anteil von α am ausländischen Kapitalbestand – hier der USA – haben und US-Firmen einen Anteil von α^* am deutschen Kapitalbestand, dann wird der ökonomische Vorteil Deutschlands aus TTIP sich nicht einfach an der Erhöhung des Bruttoinlandsproduktes (Y) in Deutschland fest machen lassen; vielmehr kommt es auf das Bruttonationaleinkommen an (also Y plus der Saldo der Erwerbs- und Vermögenseinkommen zwischen In- und Ausland, wobei hier keine Erwerbseinkommen betrachtet werden sollen – sie sind sicher gering – sondern nur Vermögenseinkommen bzw. die Gewinne von Tochterunternehmen im Ausland (andere Vermögenseinkommen seien hier zur Vereinfachung vernachlässigt): Das Bruttonationaleinkommen Z ergibt sich – bei Verwendung von ß für den Anteil der Einkommen aus Unternehmertätigkeit und Vermögen - auf Basis von Y bzw. Y* (* für Ausland; q* für realen Wechselkurs $q^* := eP^*/P$; mit e für nominaler Wechselkurs, P Preisniveau) gemäß $Z = Y(1 - \alpha^*\text{ß}) + \alpha\text{ß}^*Y^*q^*$ (WELFENS, 2011). Man kann gesamtwirtschaftlich für das In- und Ausland – mit K für Kapitalbestand, L Arbeit, A Wissen; Parameter ß im Intervall 0,1 - von einer kompakten Produktionsfunktion $Y = K^{\text{ß}}(AL)^{1-\text{ß}}$ bzw. $Y^* = K^{*\text{ß}^+}(A^*L^*)^{1-\text{ß}^+}$ ausgehen, was bei Annahme von Wettbewerb auf Güter- und Faktormärkten in der Tat zu einem Gewinnanteil am Bruttoinlandsprodukt von ß bzw. im Ausland von ß* führt. Für das ausländische reale Bruttonationaleinkommen Z* gilt $Z^* = Y^*(1 - \alpha\text{ß}^*) + \alpha^*\text{ß}Y/q^*$. Aus der Gleichgewichtsbedingung für den Devisenmarkt ergibt sich bei einerseits zinsabhängigem Portfoliokapitalimport vr/r* und einem vom Unterschied in den Kapitalgrenzprodukten getriebenen Zufluss an (transatlantischen) Nettodirektinvestitionen $v'(\text{ß}Y/K - \text{ß}^*Y^*/K^*)$ die folgende Gleichgewichtsbedingung zum Devisenmarkt: $v(r/r^*) + v'(\text{ß}Y/K - \text{ß}Y^*/K^*) = q^*j(Y(1 - \alpha^*\text{ß}) + \alpha\text{ß}^*Y^*q^*)/q^* - xY^*q^*(1 - \alpha\text{ß}^*) + \alpha^*\text{ß}Y$. Hieraus ergibt sich dann eine kurzfristige gleichgewichtige Relation Y/Y*, wobei bei Annahme einer Geldmarktgleichgewichtsbedingung (mit M für nominale Geldmenge, h>0, h'>0, v>0, v'>0 als Parameter) $M/P = hY/(h'r)$ noch r bzw. bei entsprechender Gleichung für das Ausland r* ersetzt werden kann; bei Inflation ist in der Geldnachfragefunktion hY/(h'r) der Realzins r durch den Nominalzins zu ersetzen. Geht man von gleichen Abschreibungssätzen auf Realkapital im Inland (EU bzw. Deutschland) und Ausland (USA) aus, dann ist ein langfristiges Gleichgewicht durch die Bedingung Grenzprodukt des Kapitals des Inlandes = Grenzprodukt des Kapitals im Ausland gekennzeichnet. Wenn die Produktionsfunktionen in beiden Ländern bzw. in der EU und in den USA technologisch identisch wären (ß=ß*; A=A*) ergäbe sich daraus, dass im langfristigen Gleichgewicht k'=k'* gelten muss, wobei k':= K/(AL). Die Angleichung des Wissens in Europa mit den USA könnte demnach durch internationalen Handel und Kapitalverkehr bzw. Direktinvestitionen zustande kommen: Da ein transatlantisches Freihandelsabkommen Handel und Kapitalverkehr in beide Richtungen des Atlantiks intensivieren wird, käme dann eine Angleichung im Wissen bzw. A=A* schneller als bisher zustande. Davon dürfte die EU stärker profitieren als die USA, soweit man von den USA als global führendem Wissensträger ausgeht. Gerade auch weil die Direktinvestitionen ansteigen dürften, ist nicht zu erwarten, dass die Bruttoinlandsprodukte der USA und der EU bzw. der Eurozone sich voll angleichen (die Eurozone liegt einwohnermäßig etwa auf der Höhe der US-Bevölkerungszahl; im Übrigen ist die Jahresarbeitszeit in den EU-Ländern geringer als in den USA)

- Die Rolle des Bruttonationaleinkommens ist auch zu beachten mit Blick auf die makroökonomische Konsumfunktion, die Exportfunktion und die Importfunktion: Konsum, Export und Import in realer Rechnung sind annahmegemäß proportional zum realen Bruttonationaleinkommen, nicht zum Bruttoinlandsprodukt. Wenn man diese Zusammenhänge nicht bedenkt, dann werden die Schlussfolgerungen aus der Analyse mit Blick etwa auf die Konsum- bzw. Wohlfahrtsentwicklung fehlerhaft sein.

Im Übrigen kann man aus den modellierten sektoralen Handelseffekten dann über die Input-Output-Analyse auch sektorale Beschäftigungseffekte herleiten. Was die Handelsmodellierung angeht, so erfolgt diese in der Literatur üblicherweise mit dem Mirage Model (CGE-Analyse) bzw. auf Basis von GTAB Sektor-Klassifizierungen. Um die Input-Output-Analysen sinnvoll zu nutzen, erfolgt in der vorliegenden Studie eine Konvertierung von GTAB in die NACE Rev. 2 Industrieklassifikationen. Nachfolgend werden u.a. Simulationen durchgeführt, bei denen für ausgewählte Sektoren gefragt wird, welche Ergebnisse sich einstellen, wenn die Exporte um 20% zunehmen. Eine Exportsteigerung von 20% kann insofern als relevante Größenordnung angesehen werden, als etwa die Studie von ERIXON/BAUER (2010) transatlantische Exportsteigerungen von 17% bzw. 18% errechnet hat. Die Studie von FRANCOIS et al. (2013) geht bei geringer Liberalisierung von einer Exportsteigerung von jeweils etwa 20% für die USA und die EU aus; und bei umfassender Liberalisierung von 37% für die USA und 28% bei der EU. Die Effekte könnten allerdings zu modifizieren sein, sofern es eine reale Aufwertung oder Abwertung im Rahmen von TTIP gibt.

4. Ausgangsperspektiven

Die Effekte von mehr Außenhandel und ggf. einem symmetrischen oder asymmetrischen Wachstum der transatlantischen Direktinvestitionen sind zu thematisieren und zunächst auf Basis vorhandener Literatur die Hauptbefunde – auch vergleichend – darzulegen. Dabei geht es auch um längerfristige Schlussfolgerungen, die sich etwa aus einem Mehr an mittelfristigem Handel bei erfolgreichem Abschluss der TTIP-Verhandlungen ergeben könnten. Ökonomische Vorteile können sich sowohl durch ein Mehr an Exporten wie an Importen ergeben. Spezialisierungsgewinne könnten auf der Vorleistungsebene realisiert werden, aber auch durch die Verfügbarkeit von mehr differenzierten hochwertigen Qualitätsgütern bzw. –diensten für Konsumenten. Soweit Skalenvorteile leichter genutzt werden können, gibt es den Vorteil, dass Innovationskosten auf höhere Stückzahlen umgelegt werden können, was als Anreiz für eine erhöhte Innovationsdynamik wirken wird. Statische und dynamische Skalenvorteile sind für eine Reihe von technologieintensiven Sektoren in der Tat relevant. Auch eine verstärkte Expansion digitaler Märkte könnte sich durch eine transatlantische Freihandelszone ergeben. In einem günstigen breiten Liberalisierungsszenario ergeben sich in einer Kommissionsstudie (FRANCOIS et al., 2013) Vorteile, die etwa 0,5% des Bruttoinlandsproduktes auf beiden Seiten des Atlantiks entsprechen. Die Vorteile, so wird nachfolgend argumentiert, könnten aber durchaus größer sein, wenn langfristige Investitions- und Innovationseffekte mit berücksichtigt bzw. unterstützt werden – dabei ist aber die Wirtschaftspolitik mit entsprechenden Weichenstellungen gefordert.

Die USA insgesamt und Deutschland gelten als Hochlohnländer im OECD-Raum, allerdings ist auch die Faktorproduktivität in beiden Ländern sehr hoch; zu beachten ist, dass transatlantisch qualitativ und technologisch anspruchsvolle Gütergruppen gehandelt werden. Zudem gibt es hohe Direktinvestitionen der USA in der EU bzw. der EU (bzw. Deutschlands) in den USA bzw. der NAFTA. Es gibt einen erheblichen transatlantischen Handel mit Endprodukten, aber auch mit hochwertigen bzw. technologieintensiven Vorprodukten; da die Zollsätze im Durchschnitt im transatlantischen Handel USA-EU schon niedrig sind, kommt hier der Abschaffung von nichttarifären Handelshemmnissen hohe Bedeutung zu. Die gegenseitige Anerkennung von Standards oder auch die Verankerung gemeinsamer Standards können hier für Unternehmen auf beiden Seiten des Atlantiks Kostenvorteile erzeugen, die nicht nur Auswirkungen auf den transatlantischen Handel haben – und ggf. transatlantische Direktinvestitionen; vielmehr können auch Verbesserungen der Wettbewerbsfähigkeit im Blick auf Drittmärkte entstehen. Soweit sich in einer transatlantischen Freihandelszone ein verschärfter Preiswettbewerb ergibt, werden sich innovationsstarke Firmen diesem durch eine verstärkte Betonung des Innovationswettbewerbs zu entziehen versuchen. Davon gehen, vermutlich nicht unähnlich wie bei der Entfaltung der EU-Binnenmarktdynamik im ersten Jahrzehnt nach 1992, Einkommens-, Beschäftigungs- und Außenhandelseffekte aus; die Struktur der Arbeitsnachfrage wird sich in innovationsstarken EU-Ländern bzw. in Deutschland verstärkt auf qualifizierte Arbeitnehmer ausrichten.

Firmen aus Hochlohnländern sind dabei vor allem im Sektor der handelsfähigen Güter darauf angewiesen, durch Produktinnovationen – und rechtzeitigen Prozessinnovationen – ihre internationale Wettbewerbsfähigkeit zu erhalten bzw. zu steigern, wobei auch Importe wissens- und technologieintensiver Vorprodukte ein wesentlicher Impuls sein können. HELPMAN/COE (1995) haben in ihrer Analyse betont, dass der Import solcher Güter wachstumsförderlich ist bzw. für internationale Technologiespillover steht; die Analyse von DENIS/McMORROW/RÖGER (2006, S. 30) geht davon aus, dass entsprechende internationale Beiträge zum technischen Fortschritt für die USA bei etwa 50% des inländischen Beitrages zum Wachstum der totalen Faktorproduktivität liegen; der Wachstumsbeitrag des ausländischen technischen Fortschritts für die EU wird mit etwa der Hälfte des Gesamtwertes des technischen Fortschritts angesetzt – und insgesamt, ohne Intra-EU-Handelseffekte zu berücksichtigen, wird der technologische Wachstumsbeitrag der Globalisierung auf 1/5 des Gesamtwertes des technischen Fortschritts geschätzt. Da für die USA (und wohl auch für Asien) ähnliche Größenordnungen gelten, ist auch hier deutlich, dass internationale Technologiedynamik und die Wirkungen auf das Ausland bzw. aus dem Ausland für Wachstum und Beschäftigung wesentlich sind. In einer Weltwirtschaft mit verstärkter Schumpeterscher Innovationsdynamik ist die rechtzeitige bzw. frühe Entwicklung von Leitmärkten durch Unternehmen Teil einer erfolgreichen Expansionsstrategie.

Deutschland gehört zu den Befürwortern eines solchen Abkommens mit den USA, das die beiden größten Handelsmächte zusammenbringt: Über 65% des Welthandels und fast 50% des Welteinkommens stehen in der Summe hinter den USA und der EU, die in einer ökonomischen Schwächephase diese Verhandlungen begonnen haben. Im Süden der Eurozone plus in Irland gab es 2012/2013 eine Rezession, wobei sich Expansionschancen für die Folgejahre abzeichnen; das gilt auch für Großbritannien. Zur Überwindung von Rezession und Wachstumsschwäche könnten Impulse aus dem transatlantischen Abkommen beitragen. Zu den großen Sektoren, die sich Vorteile aus der Liberalisierung erwarten, gehören die Automobilindustrie, der Chemiesektor, der Sektor der Informations- und Kommunikationstechnologie und der Maschinenbau. Während in allen vier Sektoren die Importzölle nur eine geringe Rolle als Handelshemmnis spielen (am ehesten noch in der Automobilindustrie und bei der Chemie), haben nichttarifäre

Handelshemmnisse eine große Bedeutung. Letzteres gilt auch im Dienstleistungsbereich.

Sowohl in der Industrie wie im Bereich der Dienstleistungen sollen bestehende Barrieren abgebaut werden, wobei die Auswirkungen auf Direktinvestitionsentscheidungen zu bedenken sind; dabei haben die USA den größten Teil ihrer Direktinvestitionen im Bereich Banken und Versicherungen.

Für die Industrie steht das Problem der Unterschiedlichkeit von Standards auf der Agenda, aber auch die Auswirkungen von nach Liberalisierungen verbilligten Dienstleistungen in ihrer Rolle als Vorprodukte der Industrie gilt es zu bedenken. Preiswertere Vorprodukte erhöhen die Exportmöglichkeiten der Industrie in Deutschland bzw. den EU-Ländern, ähnliches gilt spiegelbildlich jedoch auch für die US-Industrie. Im Wesentlichen geht es analytisch um die Erfassung der absehbaren Handels-, Direktinvestitions-, Wachstums- und Beschäftigungseffekte in mittel- und langfristiger Sicht. Mit zu bedenken sind allerdings auch reale Wechselkurseffekte: Wenn etwa die Außenhandelseffekte in einer ersten Anpassungsphase im transatlantischen Handel zu Gunsten der USA ausfallen sollten, dann kommt es zu einer realen Dollaraufwertung, die für einen erhöhten Zufluss an Direktinvestitionen in die EU- bzw. die Eurozone sorgt (FROOT/STEIN, 1991). Aus erhöhten Direktinvestitionszuflüssen in der EU können dann mittel- und langfristig verstärkte Innovationsimpulse entstehen, die betreffen können:

- Prozessinnovationen, durch die ggf. die Lohnstückkosten (relativ zu den USA bzw. relevanten US-Bundesstaaten) sinken könnten, sodass positive Investitions- und Beschäftigungseffekte in Deutschland bzw. der Eurozone zu erwarten sind.
- Produktinnovationen, die im Kontext mit dem Vernon-Ansatz des Produktzyklus-Handels zu einer Steigerung der europäischen Exporte Richtung USA – zumindest für einen gewissen Zeitraum – führen dürften. Auch diese veränderte Innovationsdynamik gilt es mit Blick auf Struktur-, Wachstums- und Beschäftigungsaspekte zu analysieren.

Wenn zwei große Handelsakteure sich zu einer Freihandelszone (+Investitionsabkommen) zusammenfinden, dann gibt es aus Sicht jedes Landes – im Drei-Länder-Modell EU, US, Rest der Welt=RW – Effekte des eigenen Verhaltens auf den Freihandelspartner und von dort Rückwirkungen auf das eigene Land; darüber hinaus dann Effekte auf den Rest der Welt. Eine globale Analyseperspektive und die Beachtung von Interdependenzen sind daher hier wichtig. Die Effekte auf Verteilungspositionen von Arbeit und Kapital im Kontext von Handels- und Direktinvestitionseffekten sind zu thematisieren.

Untersuchungen der ILO (HÄBERLI/JANSEN/MONTEIRO, 2012) haben gezeigt, dass die Schaffung bzw. Expansion regionaler Freihandelszonen bei Industrieländern mit dem Phänomen verbunden ist, dass ILO-Normen schwächer als zuvor angewendet werden; dieser empirische Befund verlangt nach einer genaueren Ursachenanalyse: Aus einer transatlantischen Perspektive stellen sich natürlich gerade für die Beschäftigten in Deutschland bzw. anderen EU-Ländern mit hohen Sozialstandards wichtige Herausforderungen bzw. Risiken – die USA haben nicht alle Kern-ILO-Standards ratifiziert (IG Metall, 2013).

Für die transatlantischen Beziehungen steht einiges auf dem Spiel. Die USA erwarten von der EU, dass die Eurokrise überwunden wird, wofür es aber nur begrenzte Anzeichen in 2013 gab. Die in Berlin und Paris praktizierte Politik der kleinen Reformschritte und des langsamen Abwartens könnte für die Eurozone bald schon in einer größeren Krise enden, die von Spanien ausgehend, Italien und dann auch Frankreich umfassen könnte. Sobald aber scharfe Rezession und Massenarbeitslosigkeit auch in Frankreich angekommen wären, dürfte sich auch Deutschlands Wirtschaftsentwicklung Richtung Rezession bewegen – schon 2013 stiegen die Arbeitslosenzahlen erstmals seit Jahren wieder gegenüber dem Vorjahr an; zwar dürfte es mittelfristig zu einer Expansion kommen, da Anpassungsprozesse bei Haushalten, Unternehmen und dem Staatssektor in vielen Euro-Ländern Fortschritte gemacht haben. Von einer zuverlässigen Überwindung der Vertrauenskrise in der EU ist man aber noch weit entfernt. Die mehrjährige Eurokrise mit dem schwachen Wachstum in der EU ist ein guter Grund für die Europäische Union und die USA, auf einen erfolgreichen Abschluss der transatlantischen Verhandlungen hinzuwirken.

Zu untersuchen sind im Industriebereich (plus Bankdienstleistungen, die eine besondere Bedeutung als Vorleistung haben und transatlantisch gewichtig sind):

- Die Struktur der transatlantischen Handelsbeziehungen, wobei die Exporte relativ zum Bruttoinlandsprodukt ebenso dargestellt werden, wie die Wertschöpfungsexporte als Anteile am Bruttoinlandsprodukt – hier wird auf die neue OECD-Tiva-Datenbank zurückgegriffen. Die besonders gewichtigen Sektoren werden identifiziert und auch bezüglich ihrer Exportdurchschnittserlöse analysiert.
- Die Rolle tarifärer und nichttarifärer Handelshemmnisse wird thematisiert.
- Die besondere Bedeutung der Setzung von Standards in den Sektoren Automobilindustrie, Chemie und Maschinenbau wird analysiert.
- Die Handelsschaffungseffekte eines transatlantischen Freihandelsabkommens auf die Sektoren Automobilindustrie, Chemie und Maschinenbau.

- Auf Basis der eigenen Analysen und des desk researchs zu den transatlantischen Verhandlungen wird ein qualitativer und quantitativer Ausblick für Deutschland gegeben; sowie eine EU-Perspektive aufgezeigt, wobei es um Wertschöpfungs-, Handels- und Beschäftigungsentwicklungen sowie den veränderten Strukturwandel geht.

- Entwickelt werden schließlich Politikvorschläge, die aus Sicht deutscher und europäischer Interessen als Handlungsoptionen mit Blick auf die Industrie zu empfehlen sind, wobei ausgewählte Aspekte der Euro-Krise mit berücksichtigt werden.

Es gilt hier nicht nur eine kritische Bestandsaufnahme der Literatur zu erstellen – inklusive der Bertelsmann-Studie (IFO, 2013b), die bei den Beschäftigungsstruktureffekten bzw. den Lohnstrukturen unplausible Ergebnisse liefert -, sondern es werden auch eigene Analysen, Befunde und Ansatzpunkte für Politikoptionen vorgelegt; dabei liegt der Fokus auf Fragen von Wachstum, Strukturwandel, Beschäftigung sowie Handels- und Investitions- sowie Innovationsdynamik in transatlantischer Perspektive. Ausgewählte Aspekte zu Umwelt- und Verbraucherschutz werden ergänzend thematisiert und schließlich eine Gesamtschau der transatlantischen Liberalisierungsperspektiven im Industriebereich vorgelegt. Bei der Frage nach den Nettovorteilen werden Direktinvestitionsaspekte einbezogen: Wenn etwa deutsche bzw. EU-basierte multinationale Firmen in den USA aktiv sind, so wird ein Teil der Wachstumsgewinne für die USA letztlich über diese Firmen auch Deutschland bzw. der EU zufließen. Da auch Investitionsschutzabkommen Teil von TTIP sein werden, könnten insbesondere für US-Unternehmen in der EU Klagerechte entstehen, um sich gegen Umwelt- und Sozialstandards zu wehren bzw. Entschädigungen einzufordern. Fragen der Marktöffnung bei staatlichen Ausschreibungen sind ebenfalls Teil der Verhandlungsagenda, wobei EU-Firmen hier verbesserten Zugang zu US-Märkten – auch bei Ausschreibungen von Bundesstaaten – erwarten. Auch diese kontroversen Themen gilt es zu berücksichtigen.

Abbildung 4: Struktur der Analyse

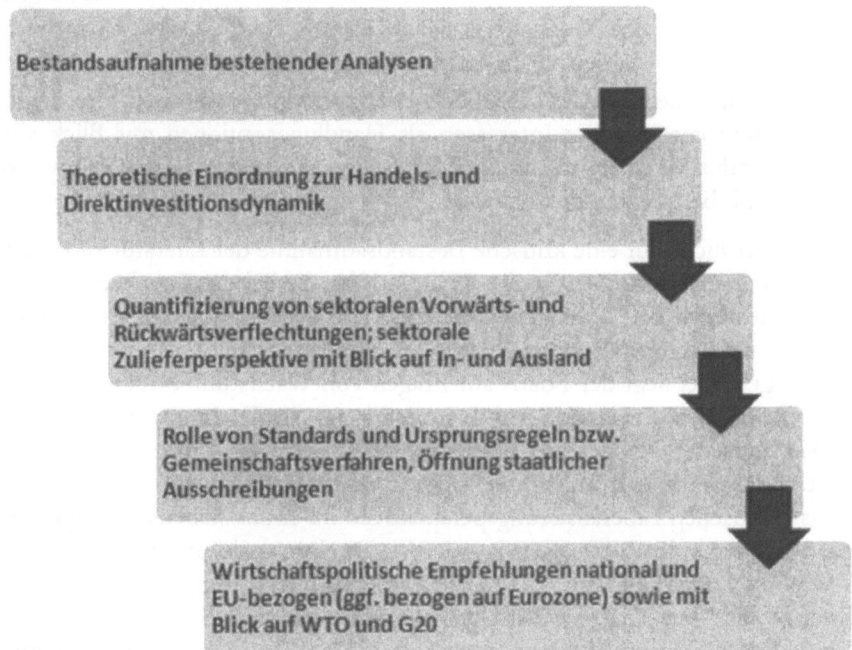

Quelle: Eigene Darstellung

In der Literatur liegen, wie gezeigt, verschiedene erste Studienergebnisse vor, wobei auf Basis von CGE-Modellen (Berechenbare Gleichgewichtsmodelle) jedoch nur eine Art komparative Statik möglich ist – also das Aufzeigen eines künftigen Gleichgewichtspunktes, der mit der Ausgangslage verglichen werden kann. Über Anpassungsprozesse ist hingegen kaum etwas bekannt und auch das Zusammenwirken von Handel und Direktinvestitionen ist in der Literatur im Kontext von Freihandelsabkommen bzw. Investitionsschutzabkommen bislang wenig ausgeleuchtet. Hier gibt es wichtigen Forschungsbedarf, zumal deutsche Unternehmen stark in den USA bzw. der NAFTA investiert sind und hohe US-Investitionen in Deutschland bzw. den EU bestehen.

TTIP kann als Projekt auf mehreren Ebenen in Probleme geraten, da ja die Zustimmung der zuständigen politischen Gremien in den USA und der EU zu suchen ist. Soweit etwa audiovisuelle Produkte und Dienste in TTIP einbezogen werden, kann sogar eine Zustimmung des Bundesrates in Deutschland notwendig werden, denn hier sind Kompetenzen der Länder berührt. Dass die TTIP-Verhandlungen nicht unkompliziert sind, erkennt man auch daran, dass die ursprünglich für Anfang Oktober angedachte 2. Verhandlungsrunde in Brüssel wegen des US-Haushaltsstreites abgesagt werden musste und auch ein Teil der 3. Verhandlungsrunde musste im Januar 2014 ausgesetzt werden – dabei ging es um die Regeln eines Investitionsschutzabkommens.

Zu den wenig bekannten Aspekten von TTIP gehört der Sachverhalt, dass Länder, die mit den USA ein Freihandelsabkommen geschlossen haben, vom Exportverbot für US-Gas ausgenommen sind. Die entsprechenden Fragen sind bislang nicht untersucht worden, obwohl sie für die Industrie in der EU von großer Bedeutung sind. Im Kontext der gewachsenen US-Gasförderung aus unkonventionellen Quellen bedeutet das Gas-Exportverbot, dass es einen großen bzw. steigenden Unterschied zwischen niedrigem US-Gaspreis und dem Gaspreis in Europa (und anderen Weltregionen) gibt, wobei ein US-Vorteil bei den Energiekosten natürlich den transatlantischen Außenhandel und auch die transatlantischen Direktinvestitionen beeinflusst. Bei Abschluss des TTIP-Projektes wird der Unterschied zwischen dem Gaspreis in den USA und dem Gaspreis in der EU deutlich unter das Ausgangsniveau in 2013 fallen, da US-Gas dann – als Flüssiggas – nach Europa exportiert werden kann. Niedrigere Gaspreise in Deutschland bzw. der EU bedeuten, dass ein Mehr an Industrieproduktion rentabel wird.

Auf beiden Seiten des Atlantiks arbeiten die Automobilindustrie und die Chemiewirtschaft an gemeinsamen Positionen, was die Verhandlungen beeinflussen könnte; im Bereich Maschinenbau ist die Verbandsstruktur in der EU bzw. den USA sehr unterschiedlich, so dass in diesen wichtigen Branchen unklar ist, ob eine Art gemeinsame Industrieposition transatlantisch formuliert werden kann. Bei den nichttarifären Handelshemmnissen kommt der Festlegung von Standards eine große Rolle zu. Gemeinsame Standards erlauben eine leichtere Nutzung von Skalenvorteilen, die mit Ausnahme des Maschinenbaus fast in allen Industriesektoren eine Rolle spielen können. Die deutsche Maschinenbauindustrie hat sich seit vielen Jahren entschlossen, den Weg globaler Standards (ISO-Normen) zu gehen; die US-Maschinenbauindustrie ist im Wesentlichen bei US-Standards geblieben. Von daher wird es in jedem Fall schwierig sein, mit den USA gemeinsame Standards zu vereinbaren, die eher den bestehenden US-Standards entsprechen. Es stellt sich die Frage, in wieweit im Rahmen eines Package-Deals Anpassungen des US-Maschinenbaus an die deutschen bzw. internationalen Normen erforderlich werden, so dass andere Sektoren sich dann verstärkt an US-Normen als Basis gemeinsamer Standards orientieren werden.

Ein Mehr an Handel wäre leicht möglich für Unternehmen auf beiden Seiten des Atlantiks, wenn man denn nur Standards gegenseitig anerkennen würde oder wenn man sich auf gemeinsame Standards einigen könnte. Während das Prinzip der gegenseitigen Anerkennung von nationalen Standards und auch der Entwicklung gemeinschaftlicher Standards in der EU schon Tradition hat, wäre für die USA die gegenseitige Anerkennung von Standards oder auch das sich Einlassen auf gemeinsame Standards – außerhalb der von Firmen selbst gesetzten Standards einer bestimmten Industrie – eine Neuerung. Die gegenseitige Anerkennung von Standards bedeutet, dass Produktions- bzw. Handelskosten sich verringern. Erst gemeinsame Standards unterstützen Skalenvorteile. Gemeinsame Standards etwa in der Autoindustrie oder bei Elektronikprodukten hätten den Vorteil, dass sich Massenproduktionsvorteile in einem transatlantischen Binnenmarkt leichter realisieren lassen als bisher. Transatlantische Standards dürften faktisch Weltstandards werden und könnten von daher Firmen in den USA und der EU auch globale Vorteile verschaffen.

Die Verhandlungen dürften in einigen Bereichen schwierig werden und sensible Bereiche wie die Filmbranche (mit Vorbehalten auf EU-Seite) oder auch Teile der Landwirtschaft – die EU möchte gentechnisch veränderte Produkte nicht zulassen – dürften ohnehin außen vorbleiben. Dennoch sollte das Störpotenzial dieser Bereiche nicht außer Acht bleiben. In technologieintensiven Sektoren, die gerade auch für das Wirtschaftswachstum wichtig sind, wird es bei den Verhandlungen um entscheidende Liberalisierungsfortschritte gehen. Die nichttarifären Handelshemmnisse sind im Übrigen gerade auch für die Industrie entscheidend – in Zollsatz-Äquivalente umgerechnet, entsprechen die nichttarifären Importhemmnisse der EU in der Automobilwirtschaft etwa 25%, die entsprechenden Importhemmnisse in den USA in der Chemieindustrie erreichen rund 20% und sind ebenso wie in der Autoindustrie sehr viel höher als die geltenden Importzollsätze. Handelshemmnisse tarifäre und nichttarifärer Art sind allerdings nicht der einzige handelsrelevante Aspekt aus Industriesicht. So muss etwa die deutsche Automobilindustrie fürchten, dass in einem transatlantischen Markt möglicherweise US-Schadensersatzprozesse öfter als bisher auf Exporteure aus der EU zukommen. Diese Prozessrisiken, die zum US-Wirtschaftssystem in besonderer Weise gehören, sind schwierig einzuschätzen. Die Unternehmen aus der EU haben naturgemäß ein Interesse daran, dass sich in einem transatlantischen Markt keine US-Dominanz im Rechtssystem ergibt. Es bestehen jedenfalls Befürchtungen auf Seiten der EU-Wirtschaft, dass die USA freien Zugang zu den EU-Märkten erhalten, während die EU-Firmen nur auf dem Papier einen ähnlich freien Eintritt in den US-Markt bekommen; die besonderen US-Haftungsregeln lassen in der Realität auch bei vollem Freihandel der US-Seite die Möglichkeit, über Klagen bei Gericht faktisch die Akzeptanz europäischer Standards abzuweisen – da EU-Firmen bei Gericht dann unterliegen bzw. Schadensersatz leisten müssen – und damit die EU-Firmen faktisch zur Übernahme von US-Standards zu zwingen. Das brächte asymmetrische Vorteile zugunsten von US-Firmen.

5. Sektorale Analysebefunde

5.1 Vorleistungsstrukturen

Wenn man die hier ausgewählten Sektoren betrachtet, dann ist Deutschlands Industrie jeweils stärker mit der Produktion auf den Export hin orientiert als die USA und auch die EU insgesamt ist stärker exportorientiert als die USA. In den USA gehen z.B. 60% der Produktion des Pharma-Bereiches in den inländischen Konsum (domestic final consumption), 28% gehen in den Vorleistungsbereich, 12% in den Export (siehe Anhang); der Inlandsabsatz steht von daher im Vordergrund. Demgegenüber sind in diesem Sektor in Deutschland nur 27% für den inländischen Endabsatz, 6% für den Vorproduktbereich und der Rest geht in den Export, wobei 33% Extra-EU-Exporte sind. Der Anteil der Extra-EU-Exporte ist in Deutschland im Bereich IKT noch etwas größer, nämlich 34%, im Chemiesektor bzw. im Automobilbereich lauten die Anteilswerte 26% bzw. 20%. In der europäischen Union ist der Anteil im inländischen Endabsatz im Automobilbereich 39%, im Pharmabereich 35%, im IKT-Sektor 19% und in der Chemiebranche 13%. Die Vorleistungsmarktanteile betragen 60% im Chemiesektor, 41% im Automobilsektor, 40% im IKT-Sektor und 30% im Pharmabereich. Der Anteil der Exporte an der Produktion liegt im IKT-Sektor mit 41% und im Pharmasektor mit 35% in der EU recht hoch, die Anteilswerte im Chemie- und Automobilsektor betragen 20% bzw. 22% (ohne Intra-EU-Exporte). Im Maschinenbau in enger Abgrenzung (machinery and equipment nec) ist der Anteil beim inländischen Verbrauch mit 1% (domestic consumption) besonders niedrig, 41% gehen in den Extra-EU Export, 35% in den Intra-EU Export und 23% werden als inländische Vorleistungen verwendet. Der Maschinenbau ist also eine sehr wichtige europäische und globale Exportbranche; mit anhaltendem Wachstum der Partnerländer bestehen naturgemäß gute Chancen, verstärkt auch in die USA bzw. die NAFTA-Länder (USA, Mexiko, Kanada) zu exportieren.

Abbildung 5: Zulieferstruktur Chemie-, Auto-, IKT- und Pharma-produktion, Deutschland, 2009 (Irawan/Welfens, 2014)

Chemicals and chemical products

Domestic intermediate inputs

Chemicals and chemical products (16.8%)
Wholesale and retail trade and repair services of motor vehicles and motorcycles (5.0%)
Electricity, gas, steam and air-conditioning (4.1%)
Coke and refined petroleum products (3.7%)
Other domestic intermediate inputs (34.8%)

Imported intermediate inputs

Chemicals and chemical products (22.8%)
Coke and refined petroleum products (2.9%)
Other imported intermediate inputs (9.9%)

Motor vehicles, trailers and semi-trailers

Domestic intermediate inputs

Motor vehicles, trailers and semi-trailers sector (28.1%)
Wholesale and retail trade and repair services of motor vehicles and motorcycles (5.2%)
Fabricated metal products, except machinery and equipment (5.1%)
Basic metals (3.6%)
Other domestic intermediate inputs (31.2%)

Imported intermediate inputs

Motor vehicles, trailers and semi-trailers sector (13.9%)
Machinery and equipment n.e.c. (2.3%)
Other imported intermediate inputs (10.6%)

Computer, electronic and optical products

Domestic intermediate inputs

Wholesale trade services, except of motor vehicles and motorcycles (11.6%)
Computer, electronic & optical products (9.8%)
Retail trade services, except of motor vehicles and motorcycles (4.0%)
Architectural and engineering services; technical testing and analysis services (3.3%)
Other domestic intermediate inputs (42.0%)

Imported intermediate inputs

Computer, electronic and optical products (17.9%)
Chemicals and chemical products (2.4%)
Other imported intermediate inputs (9.0%)

Basic pharmaceutical products & prep.

Domestic intermediate inputs

Sewerage; waste collection, treatment and disposal activities; materials recovery; remediation activities and other waste management services (7.3 %)
Basic pharmaceutical products & prep. (7.2%)
Scientific R&D services (7.0%)
Wholesale trade services exc. of motor (6.8%)
Other domestic intermediate inputs (36.5%)

Imported intermediate inputs

Chemicals and chemical products (11.3%)
Basic pharmaceutical products & prep. (10.3%)
Other imported intermediate inputs (13.7%)

Abbildung 6: Zulieferstruktur in ausgewählten Sektoren der EU, 2009 (nach Irawan/Welfens, 2014)

Chemicals and chemical products

Domestic intermediate inputs

Chemicals and chemical products (27.6%)
Wholesale trade services, except of motor vehicles and motorcycles (6.8%)
Coke and refined petroleum products (4.9%)
Electricity, gas, steam and air-conditioning (4.3%)
Other domestic intermediate inputs (43.5%)

Imported intermediate inputs

Chemicals and chemical products (4.8%)
Mining and quarrying (4.0%)
Other imported intermediate inputs (4.1%)

Motor vehicles, trailers and semi-trailers

Domestic intermediate inputs

Motor vehicles, trailers & semi-trailers (30.4%)
Fabricated metal products, except machinery and equipment (7.6%)
Basic metals (6.0%)
Rubber and plastics products (5.2%)
Other domestic intermediate inputs (43.7%)

Imported intermediate inputs

Motor vehicles, trailers and semi-trailers sector (1.5%)
Machinery and equipment n.e.c. (1.2%)
Other imported intermediate inputs (4.4%)

Computer, electronic and optical products

Domestic intermediate inputs

Computer, electronic & optical products (13.3%)
Wholesale trade services, except of motor vehicles and motorcycles (8.1%)
Scientific research and development services (5.9%)
Legal and accounting services; services of head offices; management consulting services (3.5%)
Other domestic intermediate inputs (47.2%)

Imported intermediate inputs

Computer, electronic and optical products (15.8%)
Electrical equipment (1.1%)
Other imported intermediate inputs (5.1%)

Basic pharmaceutical products & prep.

Domestic intermediate inputs

Basic pharmaceutical products & prep. (12.5%)
Chemicals and chemical products (10.1%)
Rental and leasing services (9.9%)
Wholesale trade services, except of motor vehicles and motorcycles (8.7%)
Other domestic intermediate inputs (46.7%)

Imported intermediate inputs

Basic pharmaceutical products & prep. (6.2%)
Chemicals and chemical products (2.0%)
Other imported intermediate inputs (3.9%)

Abbildung 7: Zulieferstruktur in ausgewählten Sektoren der USA, 2009 (nach Irawan/Welfens, 2014)

Chemicals and chemical products

Domestic intermediate inputs

Chemicals and chemical products (36.2%)
Coke and refined petroleum products (5.8%)
Wholesale trade services, except of motor vehicles and motorcycles (5.7%)
Legal and accounting services; services of head offices: management consulting services (5.1%)
Other domestic intermediate inputs (35.0%)

Imported intermediate inputs

Chemicals and chemical products (5.9%)
Mining and quarrying (2.7%)
Other imported intermediate inputs (3.4%)

Motor vehicles, trailers and semi-trailers

Domestic intermediate inputs

Motor vehicles, trailers & semi-trailers (22.1%)
Fabricated metal products, except machinery and equipment (9.1%)
Legal and accounting services; services of head offices: management consulting services (8.1%)
Wholesale trade services, except of motor vehicles and motorcycles (6.2%)
Other domestic intermediate inputs (36.5%)

Imported intermediate inputs

Motor vehicles, trailers and semi-trailers sector (9.0%)
Computer, electronic & optical products (1.8%)
Other imported intermediate inputs (7.2%)

Computer, electronic and optical products

Domestic intermediate inputs

Computer, electronic & optical products (19.7%)
Wholesale trade services, except of motor vehicles and motorcycles (11.0%)
Legal and accounting services; services of head offices: management consulting services (7.5%)
Publishing services (6.2%)
Other domestic intermediate inputs (36.0%)

Imported intermediate inputs

Computer, electronic and optical products (14.7%)
Basic metals (1.2%)
Other imported intermediate inputs (3.7%)

Basic pharmaceutical products & prep.

Domestic intermediate inputs

Basic pharmaceutical products & prep. (25.3%)
Legal and accounting services; services of head offices; management consulting services(13.3%)
Wholesale trade services, except of motor vehicles and motorcycles (11.2%)
Scientific research and development services (9.0%)
Other domestic intermediate inputs (24.8%)

Imported intermediate inputs

Basic pharmaceutical products & prep. (13.3%)
Chemicals and chemical products (1.3%)
Other imported intermediate inputs (1.8%)

Abbildung 8: Maschinenbau in Deutschland: Vorleistungsstrukturen, 2009 (IRAWAN/WELFENS, 2014)

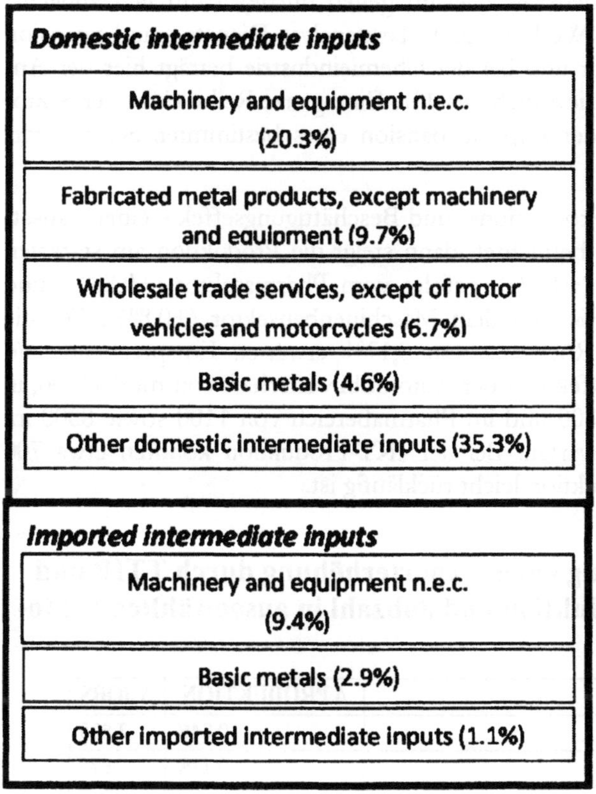

Domestic intermediate inputs
Machinery and equipment n.e.c. (20.3%)
Fabricated metal products, except machinery and equipment (9.7%)
Wholesale trade services, except of motor vehicles and motorcycles (6.7%)
Basic metals (4.6%)
Other domestic intermediate inputs (35.3%)

Imported intermediate inputs
Machinery and equipment n.e.c. (9.4%)
Basic metals (2.9%)
Other imported intermediate inputs (1.1%)

Dabei ist der Maschinenbau ein Sektor mit hoher Innovationsdynamik, wobei in breiter Betrachtung dieses Sektors auch Elemente des IKT-Produktionssektors mit betrachtet werden können. Es besteht kaum Zweifel, dass die Informations- und Kommunikationstechnologie als Innovationstreiber gerade auch für den Maschinenbau wichtig ist. Deutschlands traditionelle Exportstärke wird man vermutlich nicht langfristig sichern können, wenn man in der Bundesrepublik bzw. in der EU nicht über einen sehr leistungsfähigen IKT-Sektor verfügt – dass die USA im IKT-Sektor führend sind, ist allerdings bekannt und Firmen im US-Maschinenbau, im engeren Sinn definiert, könnten durch digitale Innovationen und neue Werkstoffe auch in einem transatlantischen integrierten Markt steigende Marktanteile erringen (man denke etwa an 3D-Drucktechnologie, das Internet der Dinge einerseits, aber andererseits auch an moderne Batterietechnologien).

Betrachtet man einen hypothetischen 20%-Anstieg der Exporte in ausgewählten Sektoren (eine Größenordnung, die einige Jahre nach dem Start eines Transatlantischen Freihandelsabkommens als relevant gelten dürfte), dann fällt zunächst auf, dass jeweils der Sektor Werbung und Marktanalyse-Dienste eine Expansion erfährt; im Automobilsektor und bei der Chemieindustrie beträgt hier der Anstieg der sektoralen Produktion mehr als 1%. Eine ganze Reihe einzelner Sektoren ist jeweils positiv mit der Exportexpansion eines bestimmten Sektors verbunden.

Wenn man die sektoralen Produktions- und Beschäftigungseffekte einer transatlantischen Freihandelszone betrachtet, dann steigt die Produktion am stärksten in der Automobilindustrie (+1,6%), gefolgt vom Pharmasektor (+0,88%) und dem Chemiesektor (+0,84%) und dem Maschinenbausektor (+0,8%). Für die IKT-Produktion wird ein Rückgang von 0,17% erwartet. Entsprechend sind Beschäftigungsexpansionseffekte in der Automobilwirtschaft von rund 13000, in der Chemieindustrie von 2800 und im Pharmabereich von 1100 sowie 8300 im Maschinenbausektor zu erwarten. Bei der IKT-Produktion könnten etwa 700 Jobs wegfallen, da die Produktion leicht rückläufig ist.

Tabelle 15: Wirkung einer Exporterhöhung durch TTIP und Änderung von Produktion und Jobzahl in ausgewählten Sektoren Deutschland

Sector	Δ PRODUKTION	Δ JOBS
CHEMIESEKTOR	0.84%	2,805
IKT-PRODUKTION	-0.17%	-676
AUTOMOBILSEKTOR	1.60%	13,262
PHARMASEKTOR	0.88%	1,100
MASCHINENBAU (IM ENGEREN SINN)	0.80%	8,308

Quelle: IRAWAN/WELFENS (2014).

Die genannten Werte berücksichtigen keine dynamischen internationalen Akkumulationseffekte, die sich etwa im Kontext erhöhter Investitionen bzw. Direktinvestitionen ergeben können. Erhöhte Direktinvestitionen bringen in jedem Fall einen internationalen Technologietransfer und werden das Grenzprodukt von Kapital bzw. Arbeit in den Zuflussländern erhöhen. Dadurch könnten dann auch die Exporte etwa Richtung Asien ansteigen, wobei dies sowohl für Firmen in den USA als auch in Deutschland bzw. der EU zu erwarten ist. Zugleich ist bei Gründung einer Transatlantischen Freihandelszone mit Handelsumlenkungseffekten zulasten von Drittländern – etwa in Lateinamerika oder Asien – zu rechnen, so dass das Leistungsbilanzdefizit der USA sich vermindern und der Leistungsbilanzüberschuss der EU ansteigen können. Allerdings gehen Handelsablenkungseffekte für Drittländer in diesen mit negativen Produktionseffekten einher, was wiederum die globale Exportzuwächse Deutschlands bzw. der EU und der USA dämpfen könnte. Mit Blick auf eine Vielzahl von Ländern in Asien, die unter Handelsablenkungseffekten mittelfristig leiden könnten, ist zu erwarten, dass asiatische Firmen verstärkt über Direktinvestitionen in den USA und der EU solchen nachteiligen Effekten entgegen zu treten versuchen. Verstärkte Direktinvestitionszuflüsse in die Eurozone und nach Großbritannien, Schweden, Dänemark und andere EU-Länder, die nicht Mitglied der Euro-Währungsunion sind, werden einen realen Aufwertungseffekt der entsprechenden Länder zur Folge haben, was dann im weiteren die Direktinvestitionszuflüsse (vor allem mit Blick auf internationale Unternehmenszusammenschlüsse und Beteiligungen) abbremsen wird. Denn eine reale Aufwertung einer Währung geht mit einem verminderten Zufluss an Direktinvestitionen einher (FROOT/STEIN, 1991). Ob sich der Euro gegenüber dem US-Dollar aufwertet, wird davon abhängen, ob die Kombination von Leistungsbilanzverbesserung und kurzfristig erhöhten Direktinvestitionszuflüssen stärker in der EU als in den USA ausfällt.

Längerfristig werden asiatische Länder von einer transatlantischen Handelsliberalisierung aber nur teilweise negativ betroffen sein. Denn die USA haben mit ihrer Initiative Trans-Pacific Partnership gerade mit Blick auf wichtige asiatische Länder – seit 2013 inklusive Japan – die Weichen auch für eine parallele Handelsliberalisierung mit Ländern in Asien gestellt. Das gilt mit Abstrichen ähnlich auch mit Blick auf das Verhältnis der EU zu wichtigen Ländern in Asien. Mit dem Freihandelsabkommen mit Singapur hat die EU in 2013 einen ersten Liberalisierungsschritt Richtung Asean-Länder gemacht (KUTLINA-DIMITROVA/LAKATOS, 2013), dem Freihandelsgespräche mit Thailand und anderen Ländern in Asien folgen werden.

Eine wichtige Überlegung mit Blick auf Deutschlands Exporte Richtung USA betrifft die Relation von Wertschöpfungsexporten zu „Bruttoexporten", wobei hier auf die TIVA-Datenbank mit ihrer spezifischen Abgrenzung von Sektoren für Auswertungen bzw. Analysen nachfolgend zurückgegriffen wird; die TIVA-Datenbank erlaubt es zu unterscheiden zwischen Bruttoexporten und Wertschöpfungsexporten, wobei diese sich aus den Bruttoexporten minus in den Exportgütern enthaltene ausländische Vorleistungen ergeben. Im Chemiesektor und in der Automobilwirtschaft („Transport Equipment") gibt es im Zeitraum 2005-2009 – hierfür sind entsprechende OECD- bzw. Weltbank-Daten verfügbar – eine rückläufige Relation von Wertschöpfungsexporten zu Bruttoexporten, so dass der Anteil der ausländischen Vorprodukte in den Exporten zunimmt. Es könnte von daher geschehen, dass, im Kontext der Schaffung einer Transatlantischen Freihandelszone, diese neueren Tendenzen sich nochmals verstärken. Im Sektor der IKT-Produktion ist allerdings diese Relation im Zeitablauf in etwa konstant bzw. steigt leicht an. Wenn es zu einer verstärkten Verlagerung von Vorproduktion der Sektoren Automobilwirtschaft und Chemieproduktion in EU-Partnerländer kommen sollte, so muss dies für Deutschland keineswegs negativ sein. Denn viele industrielle Produktionserhöhungen in west- und osteuropäischen EU-Partnerländern gehen einher mit steigenden Maschinenbau-Exporten von Produzenten aus Deutschland. Dieser Strukturwandel, der letztlich die Wirtschaft in Deutschland durchaus stärken könnte, wird mit einer erhöhten Nachfrage nach Fachkräften einhergehen. Die vom ifo-Institut seit Jahren gern betonte angebliche Problematik einer internationalen Wettbewerbsschwäche Deutschlands – als „Basar-Effekt" von SINN (2008) verschiedentlich betont – ist angesichts der hohen Außenbeitragsquoten Deutschlands in der ersten Dekade des 21. Jahrhunderts ein Scheinproblem. Vielmehr ist zu bedenken, dass ein steigender Anteil ausländischer bzw. europäischer Vorprodukte in (industriellen) Exportprodukten Deutschlands Raum für eine sinnvolle internationale Arbeitsteilung innerhalb zunehmend technologie- und wissensintensiver Qualitätsprodukt gibt: Die ökonomische Logik der internationalen Arbeitsteilung läuft hier darauf hinaus, dass deutsche Firmen im Kontext der Aufspaltung von Wertschöpfungsketten einfache bzw. mittel-komplexe und standardisierte an ausländische Zulieferer abgeben; dies kann durch internationales Outsourcing geschehen, aber auch durch die Auslagerung von Wertschöpfung an ausländische Tochterunternehmen, die dann von der Muttergesellschaft in Deutschland verstärkt anspruchsvolle konzerninterne Dienstleistungen beziehen – der letztere Bereich, der weitgehend für gut bezahlte bzw. hochproduktive Jobs steht, kann dann expandieren; und zudem werden insgesamt Ressourcen in Deutschland freigesetzt, die einen Ausbau der wissens- und innovationsstarken Wertschöpfungsaktivitäten erlauben. In diesen gibt es in der Regel hohe Schumpetersche Renten bzw. die Renditen sind relativ hoch, so dass sich dann auch für qualifizierte Arbeitnehmer deutliche Reallohnsteigerungen ergeben können. Die Relation Wertschöpfungsexporte zu Bruttoexporten ist bei Deutschland beim US-Export für den Bereich Chemie, Automobile (Transport Equipment) und Maschinenbau im Zeitablauf gesunken, so dass das Ausmaß an ausländischen Vorleistungen in den deutschen US-Exporten in den genannten Sektoren angestiegen ist. Im IKT-Bereich ist die Tendenz allerdings 2005-09 anders, da die Relation ansteigt. Im Fall der US-Exporte nach Deutschland steigt mit Ausnahme des IKT-Sektors die Relation von Wertschöpfungsexporten zu Bruttoexporten im Zeitablauf – siehe die nachfolgende Abbildung.

Bei der transatlantischen Handelsbilanz hat Deutschland auf Basis von Brutto-export-Zahlen in den nachfolgend aufgeführten Jahren einen Überschuss; mit Blick auf Nettoexport-Zahlen hat Deutschland allerdings nur im Maschinenbau einen großen Überschuss in 2004, 2008 und 2009.

Abbildung 9: Export Deutschlands in die USA für ausgewählte Sektoren – gemäß Relation Wertschöpfungsexporte zu Brutto-exporten (chemicals enthält Pharma-Sektor)

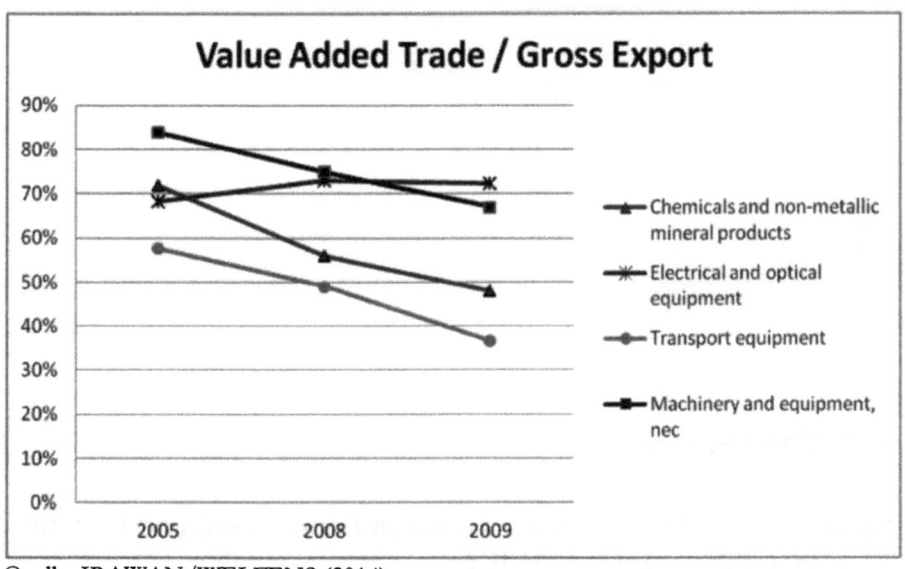

Quelle: IRAWAN/WELFENS (2014)

**Abbildung 10:   Export der USA nach Deutschland in ausge-
wählten Sektoren gemäß Relation Wertschöpfungsexporte zu
Bruttoexporten (chemicals enthält Pharma-Sektor)**

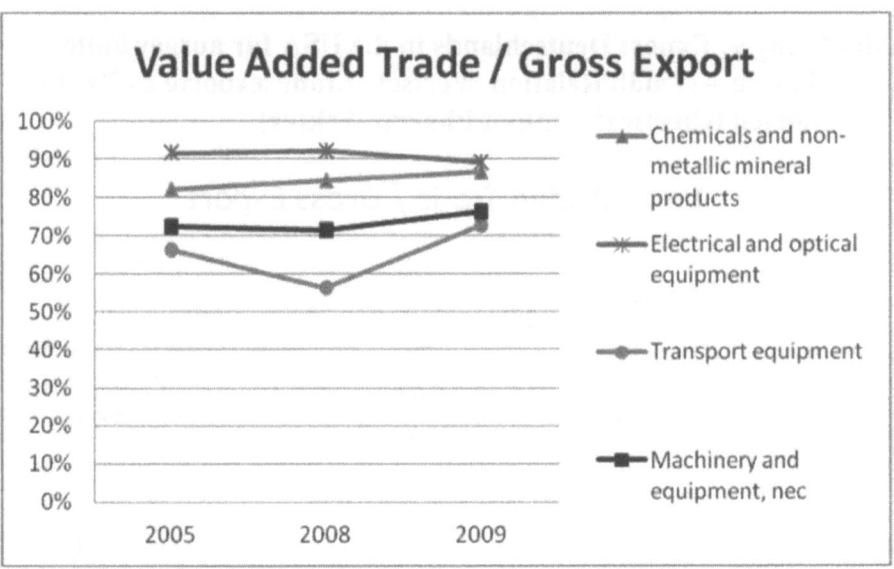

Quelle: IRAWAN/WELFENS (2014)

**Tabelle 16:   Handelsbilanz zwischen Deutschland und USA für
ausgewählte Sektoren (Mill. €)**

Handelsbilanz	Handel auf Basis Bruttoexporte			Handel auf Basis von Wertschöpfungsexporten		
	2005	2008	2009	2005	2008	2009
Chemiesektor	9666.2	6643.1	2269.9	5976.3	-848	-3873.9
IKT-Produkte (inkl. Optische Produkte)	-1435.7	1480.2	1329.8	-3561.5	-1716.1	-855.2
Automobilsektor	5728	10910.9	5232.6	2589.8	4766	-576.9
Maschinenbau	14933.2	16758.2	10086.2	13036.2	12765.2	6391.5

Quelle: IRAWAN/WELFENS (2014)

Zunächst ist bei der sektoralen Analyse ein Blick auf die Vorleistungsstruktur – mit Unterscheidung von inländischen versus ausländische Vorleistungen – von Interesse. In Deutschland ist der Anteil der inländischen Zulieferer an den Gesamtvorleistungen mit 73% in der Automobilwirtschaft besonders hoch gewesen, gefolgt vom IKT-Sektor mit 71%; die entsprechenden Werte für den Chemiesektor und den Pharmasektor waren mit 64% bzw. 65% deutlich niedriger – rund 1/3 der Vorleistungen in den beiden letztgenannten Sektoren kommen aus dem Ausland. In den USA ist der Anteil der inländischen Vorleistungen in allen betrachteten Sektoren höher, da dieser 88% im Chemiesektor und 84% im Pharmasektor bzw. 82% und 80% im Automobil- und im IKT-Sektor beträgt. Allerdings zeigt ein Blick auf die Zahlen für die EU, dass der Anteil der inländischen Vorleistungen doch in etwa vergleichbar hoch erscheint, sobald man EU-Zahlen zum Vergleich heranzieht: Hier betrugen die Anteilswerte für die inländischen Zulieferer an den Vorleistungen im Automobilsektor und im Pharmasektor 93% und 88% bzw. im Chemiesektor und im IKT-Sektor 87% und 78% (es steht zu vermuten, dass der NAFTA-Anteil an allen Vorleistungen in der Automobilwirtschaft ebenfalls bei über 90% ist, denn kanadische und mexikanische Zulieferer spielen in der US-Wirtschaft eine wichtige Rolle). In der EU haben der Automobilsektor und der Pharmasektor einen größeren inländischen Anteilswert bei den Zulieferungen als in den USA. Die Wertschöpfungsketten auf beiden Seiten des Atlantiks sind jedenfalls insgesamt sehr ausgeprägt, da mit Ausnahme des IKT-Sektors in der EU - über 80% der Vorleistungen aus dem Inland kommen. Mit Blick auf Deutschland ist anzumerken, dass offenbar ein sehr hoher Anteil der ausländischen Vorleistungen aus EU-Ländern kommt. Das aber bedeutet, dass steigende Exporte Deutschlands nach USA in der Regel auch positive Effekte für zahlreiche EU-Partnerländer mit sich bringen werden. Angesichts der teilweise hohen ausländischen Vorleistungen, die überwiegend aus EU-Ländern kommen, ist davon auszugehen, dass steigende deutsche Exporte Richtung USA im Kontext einer transatlantischen Freihandelszone zu einem verstärkten Bezug von Vorleistungen aus EU-Partnerländern führen: Dadurch steigt dort das Bruttoinlandsprodukt, was zu erhöhten Exporten Deutschlands dann auch in EU-Länder führt. Die Beachtung dieser makroökonomischen Wirkungen und Rückwirkungen lässt erwarten, dass die ökonomischen Expansionseffekte einer transatlantischen Freihandelszone für Deutschland höher sein dürften, als in den einfachen bis Ende 2013 vorliegenden Studien behauptet.

Beim für Deutschland im Exportbereich besonders wichtigen Maschinenbau kommen die meisten (inländischen) Vorprodukte aus demselben Sektor – Anteil 20,3 % an den Vorleistungen. Metallerzeugnisse stehen für einen Anteil von 9,7%, Großhandelsdienste für 6,7%. Aus dem Ausland importierte Maschinenbauerzeugnisse machten 9,4% aus, womit der Maschinenbausektor Deutschlands relativ stark durch intra-industriellen Vorleistungshandel geprägt ist. Der Anteil an intra-industriellen Vorleistungen liegt auf EU-Ebene erwartungsgemäß mit 17,1% höher als in Deutschland, der Anteil der importierten intra-industriellen Vorleistungen liegt bei 3%.

Die Vorleistungsstruktur des Maschinenbausektors auf US-Ebene hat interessanterweise einen geringeren Anteil an intra-industriellen inländischen Vorleistungen als Deutschland oder die EU, nämlich 9,4%, der Anteil an importierten Vorleistungen aus der eigenen Branche ist erwartungsgemäß mit 2,9% gering. Insgesamt ist die Bedeutung des Maschinenbaus relativ zur nationalen Wertschöpfung im Übrigen deutlich geringer als in Deutschland, so dass Maschinenbauer aus Deutschland relativ gute Perspektiven haben, von einem transatlantischen ökonomischen Aufschwung überproportional zu profitieren. Starke Wettbewerber aus Asien dürften Korea und Japan, aber langfristig auch China sein.

Eine Betrachtung der Vorleistungsstrukturen ist aufschlussreich. Im Vergleich aller Sektoren USA versus EU bzw. Deutschland fällt auch auf, dass in den USA Rechts- und Controlling-Dienstleistungen einen recht hohen Anteil haben. Das dürfte die spezifisch institutionellen Rahmenbedingungen und Regulierungen der USA widerspiegeln. Je mehr ein transatlantischer Markt sich in Rahmenbedingungen, Regulierungen und Regeln amerikanisiert zeigen sollte, umso mehr müssen die hier thematisierten Branchen mit erhöhtem Kostendruck in den Bereichen Rechts- und Controlling-Dienstleistungen rechnen; die hier oft global führenden US-Firmen dürften von einer solchen Entwicklung offenbar dann im Windschatten der Transatlantischen Handelsliberalisierung besonders profitieren und da bei solchen Dienstleistungen aus praktischen Gründen eine Präsenz vor Ort gegeben sein muss, dürften erhöhte Direktinvestitionen in diesen Sektoren dann nach Deutschland bzw. in die EU fließen. Hier dürfte dann eine erhöhte Nachfrage nach entsprechenden qualifizierten Arbeitskräften entfaltet werden. Es ist allerdings keineswegs im Interesse Deutschlands bzw. der EU, dass sich das komplexe US-Rechtssystem weiter Richtung Europa ausbreitet. In allen betrachteten Sektoren spielen Dienstleistungen im Bereich Großhandel und Reparaturdienste eine erhebliche Rolle. Auffallend ist im Übrigen auch die herausragende Stellung des Pharma-Sektors mit Blick auf Innovationsdienstleistungen auf der inländischen Vorleistungsebene in Deutschland (7%) und den USA (9%) – nicht allerdings in der EU insgesamt. Nachfolgend werden einzelne Sektoren beim Blick auf die Vorleistungsstruktur betrachtet.

Wenn man die Vorleistungsstrukturen betrachtet (IRAWAN/WELFENS, 2014), dann fällt mit Blick auf den Chemiesektor auf, dass in Deutschland der Anteil der importierten ausländischen Chemie-Vorprodukte mit 22,8% deutlich höher war als der inländische Anteil (16,2%) der Chemie-Vorprodukte an den gesamten Zulieferungen. Hingegen war für die USA der Anteil der ausländischen Chemie-Vorprodukte im Chemiesektor mit 5,9% recht gering, der Anteil inländischer

Chemie-Vorprodukte für den Chemiesektor lag mit 36,2% recht hoch. Allerdings gilt auch hier – wie schon bei einigen vorigen Betrachtungen –, dass der Wechsel der Analyseebene hin zur EU eine größere Ähnlichkeit mit den USA bringt (relativ zum Vergleich Deutschland/USA): Der Anteil der aus dem Ausland importierten Chemie-Vorleistungen fällt im Chemiesektor auf den relativ geringen Wert von 4,8%, der Anteil der inländischen Chemie-Vorprodukte an allen Zulieferungen steigt auf 27,6%. Es ist insgesamt deutlich, dass der Chemie-Sektor mit Blick auf Deutschland, die EU und die USA stark durch intrasektorale Wertschöpfungsverflechtung charakterisiert ist. Bei den inländischen Zulieferungen hat der Bereich Großhandel und Transportreparatur-Dienste mit 5% noch einen hohen Anteil bei den inländischen Zulieferungen. Mit dem Abbau nichttarifärer Handelshemmnisse dürften sich die Chancen erhöhen, dass verstärkt ausländische Zulieferer bei den Vorleistungen zum Zuge kommen und dass zugleich die Exportmengen im transatlantischen Handel sich erhöhen werden. Teilweise ist er Chemiesektor energieintensiv und dies verweist in längerfristiger Betrachtung auf Probleme für Deutschland bzw. die EU für den Fall, dass sich die Strom- bzw. Energiepreise transatlantisch weiterhin zugunsten der USA entwickeln sollten.

Ebenfalls von starken intrasektoralen Vorleistungen geprägt ist die Automobilwirtschaft, was vor allem für die inländische Zuliefererseite deutlich ist – in den USA wie in Deutschland bzw. der EU. Metallvorprodukte spielen zudem in der Autoindustrie bei den inländischen Zulieferungen eine wichtige Rolle. Hieran dürfte sich auch mittelfristig nichts ändern, solange nicht Karbonfaser-Autos oder eine stark zunehmende Verbreitung von Plastikteilen die Nachfrage nach Metallvorprodukten reduziert. Allerdings sind diese Produkte wie die Autoproduktion selbst energie- bzw. stromintensiv. Sollten die Strompreise sich transatlantisch mittelfristig weiter zugunsten der USA entwickeln, gäbe es ein wichtiges Kostenelement, das deutsche bzw. EU-Automobilfirmen veranlassen könnte, zunehmend in US-Werken zu produzieren bzw. von den USA aus den EU-Markt zu beliefern.

Bei der IKT-Produktion, die hier optische Geräte mit einschließt, ist auffallend für Deutschland bzw. die EU und die USA, dass der Anteil der importierten IKT-Produkte auf der Zuliefererseite erheblich ist. Hier dürfte sich eine für Europa und die USA gemeinsame Abhängigkeit von Lieferanten aus Asien bemerkbar machen. Das wiederum bedeutet, dass bei einem Anstieg des transatlantischen Handels bzw. der Produktion in den USA und/oder der EU erhebliche Expansionschancen für asiatische Exporteure bestehen. Intrasektorale Zulieferbeziehungen im IKT-Sektor sind auch erheblich bei inländischen Zulieferern, aber nur im Fall der USA ist der Anteil der intrasektoralen Inlandszulieferanten an der gesamten Zulieferung höher als der Anteil der Auslandszulieferer. Hier zeigt sich die Stärke der US-IKT-Produktion sowohl bei den Endprodukten wie bei den Vorprodukten. Soweit die Gründung eines transatlantischen integrierten Marktes zu größeren und mehr innovationsaktiven – daher auch komplexeren –

Unternehmen führt, wird die Nachfrage nach IKT-Gütern bzw. nach IKT-Diensten verstärkt auf beiden Seiten des Atlantiks zunehmen: Denn Größe und Komplexität sowie hohe Innovationsdynamik verlangen verstärkt nach dem Einsatz von IKT. Davon dürfte die US-IKT-Industrie stark profitieren, da sie global in vielen Innovationsfeldern als führend gelten kann.

Der Chemiesektor und die Automobilindustrie haben in Deutschland markante Rückwärtsverflechtungen – d.h., dass eine Erhöhung der Produktion um eine Einheit im betrachteten Sektor die Produktion in rückwärtigen, vorgelagerten Sektoren um mehr als eine Einheit erhöht; das gilt zudem in Deutschland und der EU für den IKT-Produktionssektor (hier inklusive Optische Produkte definiert). Bei nachgelagerten Sektoren ist eine markante Verflechtung nur für den Fall der USA und der EU im Chemiesektor festzustellen. Die Entwicklung des Chemiesektors ist wegen der starken ökonomischen Bedeutung auf vor- und nachgelagerten Sektoren für die USA und die EU sehr bedeutsam; für Deutschland gilt das mit Blick auf die erheblichen Rückwärtsverflechtungseffekte etwas abgeschwächt. In der Summe von Effekten auf vor- und nachgelagerter Ebene ergibt sich in etwa ein Produktionsmultiplikator von 3: D.h. dass die Summe aus dem Produktionseffekte der vor- und nachgelagerten Effekte rund doppelt so groß ist wie der Produktionseffekt im betrachteten Sektor selbst. Während man also in Deutschland zunächst bei den betrachteten Sektoren auf einen Wertschöpfungsanteil von 8% kommt, ist der Effekt unter Berücksichtigung von vor- und nachgelagerten Sektoren bei etwa 25%.

5.2 Simulationsergebnisse für eine 20%-Erhöhung der Exporte ausgewählter Sektoren

Nachfolgend werden Simulationsergebnisse von IRAWAN/WELFENS (2014) dargestellt, die einen Anstieg der Exporte ausgewählter Sektoren um jeweils 20% beinhalten. Einen solchen Exportanstieg wird man realistischer Weise in einem Zeitraum von etwa 10 Jahren erwarten können. Die nachfolgend genannten Beschäftigungsgewinne sind daher auf Jahresbasis natürlich deutlich zu relativieren, allerdings könnten in der Summe der betrachteten fünf Sektoren rund 80 000 Arbeitsplätze pro Jahr entstehen. Dem müssen allerdings auch Jobverluste entgegengestellt werden, die sich in den Sektoren ergeben, in denen die USA oder andere Konkurrenten mit sehr starken Exportzuwächsen auftreten – sofern dies deutliche Importsteigerungen bei Endprodukten auf Seiten Deutschlands (oder der EU) widerspiegelt, werden z.T. dann auch inländische Anbieter in

Deutschland Marktanteile verlieren bzw. auch Beschäftigung abbauen. Sofern die Exportsteigerungen der USA und Deutschlands (oder der EU) gleiche Sektoren betreffen, liegt eben ein erhöhter intra-industrieller Handel vor, dessen Dynamik für den Strukturwandel und bei den Arbeitsplätzen relativ undramatisch ist, solange tatsächlich auf beiden Seiten des Atlantiks die Exporte steigen.

Eine 20%-Erhöhung der Exporte des Chemiesektors in Deutschland lässt gesamtwirtschaftlich zusätzliche Arbeitsplätze in einer Größenordnung von 129 000 Arbeitsplätzen erwarten, wovon 55 000 im Chemiesektor selbst entstehen. Im IKT-Sektor bedeutet eine 20%-Exporterhöhung ein Plus von 116 000 Arbeitsplätzen, wovon 65 000 in diesem Sektor selbst entstehen werden. Bei einem solchen Exportanstieg im Automobilsektor entsteht eine zusätzliche Job-Zahl von 379 000, wobei 160 000 im Sektor selbst zu erwarten sind. Bei einem 20%-Anstieg der Exporte des Pharmasektor beträgt der entsprechende gesamtwirtschaftliche Anstieg der Arbeitsplätze 54000, wovon 24 000 auf den Sektor selbst entfallen. Im Sektor Maschinenbau werden bei einem 20%-Exportplus 359 000 neue Jobs entstehen, davon rund 194 000 in diesem Sektor selbst. Wenn in allen betrachteten Sektoren die Exporte um 20% ansteigen, so erhöht sich (über einen Zeitraum von etwa einer Dekade) die Zahl der Arbeitsplätze um gut 800 000, wobei sich im Bereich der qualifizierten Arbeitskräfte bei einer solchen Größenordnung sektorale Engpässe ergeben könnten – die Herausforderungen für das Bildungs- bzw. Ausbildungssystem sind also erheblich. Zugleich zeigt sich, dass ein transatlantisches Freihandelsabkommen bei einem erwarteten Plus von über 800 000 Arbeitsplätzen in wichtigen Industriesektoren für Fortschritte bei der Reduzierung der Arbeitslosigkeit sehr wichtig sind. Es ist zu bedenken, dass arbeitssparender technischer Fortschritt, stimuliert durch TTIP, das Plus an Arbeitsplätzen deutlich unter die 800 000-Marke drücken kann; und da in anderen Sektoren auch Arbeitsplätze verloren gehen können – etwa durch starkes US-Exportwachstum Richtung Europa in bestimmten Sektoren -, wäre ein Plus von 500 000 Jobs in einer Dekade als Erfolg anzusehen.

Es könnte als Folge des Abbaus von Handelshemmnissen auf beiden Seiten in einigen Sektoren einen Rückgang der Direktinvestitionszuflüsse geben, da letzteren nicht mehr die Funktion eines – für manche Sektoren relevanten – Überspringens der Zollgrenze zukommt. Allerdings dürfte mittelfristig mit wachsenden Direktinvestitionen im USAEU-Raum zu rechnen sein. 2012 betrug (nach Angaben des US Bureau of Economic Analysis) im Übrigen der Anteil von US-Direktinvestitionen sektoral mit Blick auf die Gesamtinvestitionen in Deutschland 29% bei den Sektoren Chemieindustrie, Maschinenbau, IKT-Güter und Automobilwirtschaft 4%, 4,1%, 6,9% bzw. 3,8%. Die deutschen Direktinvestitionsanteile in den USA betrugen für die entsprechenden Sektoren 33,9% (Industrie), 7,9% bzw. 6,8% bei Chemie und Maschinenbau, 0,6% bei der IKT-Produktion und 9,9% bei der Automobilwirtschaft. Der Anteilswert beim Maschinenbau stieg gegenüber dem Wert von 2,6% in 1999 um immerhin 4,1 Prozentpunkte, während der US-Anteil in Deutschland nur leicht anstieg. Auch hier kommt eine relative Stärke des Maschinenbaus (außerhalb IKT) deutscher Unternehmen zum Ausdruck. Allerdings hat der Anteilswert der Industrie an allen Direktinvestitionen zwischen 1999 und 2012 deutlich abgenommen, sowohl bei den deutschen Investitionen in den USA wie bei den US-Investitionen in Deutschland.

US-Firmen haben ihren Anteil wiederum im Sektor der Informations- und Kommunikationstechnologie im Zeitablauf deutlich erhöht, was auf eine besondere IKT-Stärke der USA hinweist. Man wird vor dem Hintergrund der genannten Zahlen erwarten können, dass Deutschlands Maschinenbauindustrie ihre Position auch in den USA selbst auf Basis verstärkter firmenspezifischer bzw. technologiebasierter Vorteile des Maschinenbaus auch im Kontext einer TTIP-Liberalisierung wird verteidigen und möglicherweise ausbauen können. Der US-IKT-Sektor wiederum dürfte verstärkt in Deutschland bzw. der EU expandieren, ein sich verschärfender Preiswettbewerb im USAEU-Raum könnte allerdings auch die europäische Konkurrenz der Standorte verstärken – gerade auch Deutschlands EU-Partnerländer, inklusive osteuropäischer EU-Länder mit relativ niedrigen Lohnstückkosten und guter Verfügbarkeit von Fachkräften, könnten im IKT-Sektor profitieren. Von US-Direktinvestitionen in osteuropäischen EU-Ländern ausgehende Expansionseffekte aus dem realen Bruttonationaleinkommen dieser Ländergruppe werden wiederum die Osteuropa-Exporte Deutschlands stärken. Die große Rolle des Maschinenbaus in Produktion und Export der Bundesrepublik Deutschland ist eine besonders gute Basis, um von TTIP-Impulsen für Europa stark zu profitieren.

Die vorgelegten illustrativen Berechnungen und Szenario-Ansätze sollte man nicht als selbstverständliches generelles Positivszenario für eine erste Dekade nach erfolgreichen transatlantischen Liberalisierungsgesprächen interpretieren, denn unter ungünstigen Bedingungen bzw. bei unzureichenden Weichenstellungen der Wirtschaftspolitik auf regionaler, nationaler und EU-Ebene kann sich auch ein Rückgang der Exporte oder zumindest ein wesentlich geringerer Anstieg der Exporte ergeben als für den hier betrachteten exemplarischen Standardfall berechnet. Zudem könnten sich auch die US-Exporte bzw. die Importe Deutschlands bzw. der EU aus den USA deutlich erhöhen. Es liegt an den Akteuren der Wirtschaftspolitik, mit der Herausforderung einer neuen transatlantisch integrierten Freihandelszone vernünftig umzugehen und rechtzeitig komplementäre Reformen vorzunehmen. Im Übrigen kann aus deutscher Sicht auch nicht übersehen werden, dass sich im Kontext eines mittelfristig generell verschärften Wettbewerbs im EU-Binnenmarkt, auch neue Spannungen in der Eurozone ergeben könnten – jedenfalls dann, wenn die EU-Kommission zusammen mit den EU-Mitgliedsländern nicht frühzeitig über sinnvolle Begleitimpulse von Seiten der Wirtschaftspolitik bzw. institutionelle Reformen nachdenkt und entsprechende Aktivitäten dann auch rechtzeitig umsetzt. Der Innovationswettbewerb wird nach dem Start einer transatlantischen Freihandelszone weiter zunehmen.

Mit dem in einer transatlantischen Freihandelszone erwarteten Anstieg der Exporte im Maschinenbau, bei der IKT-Produktion und dem Pharma-Sektor ist ein deutlicher Anstieg der Nachfrage nach qualifizierten Arbeitskräften verbunden; dies gilt für die Automobilwirtschaft und den Chemiesektor eingeschränkt ähnlich – in den beiden letztgenannten Sektoren sind auch zahlreiche Ungelernte bzw. Geringqualifizierte tätig. Die Fachkräfteknappheit wird bei einem erfolgreichen Abschluss der transatlantischen Handelsgespräche in Deutschland weiter zunehmen. Von daher sind neue Qualifizierungsinitiativen, Bildungsreformen und Verbesserungen in der Berufsbildung sowie tarifvertraglich vereinbarte Weiterbildungsmaßnahmen zu erwägen und auch verstärkte Anstrengungen für eine rechtzeitige und effiziente Qualifizierung von Zuwanderern sind wünschenswert.

Wenn man die sektoralen Produktions- und Beschäftigungseffekte einer transatlantischen Freihandelszone betrachtet, dann steigt die Produktion am stärksten in der Automobilindustrie (+1,6%), gefolgt vom Pharmasektor (+0,88%) und dem Chemiesektor (+0,84%). Für die IKT-Produktion wird ein Rückgang von 0,17% erwartet. Entsprechend sind Beschäftigungsexpansionseffekte in der Automobilwirtschaft von rund 13000, in der Chemieindustrie von 2800 und im Pharmabereich von 1100 zu erwarten. Bei der IKT-Produktion könnten etwa 700 Jobs wegfallen.

6. Perspektiven zur Investitionspartnerschaft und Herausforderungen der Wirtschaftspolitik

Im Bereich Investitionspartnerschaft ergibt sich als Herausforderung vor dem Hintergrund des Sachverhaltes, dass die USA mit neun EU-Ländern bisher Investitionsschutzabkommen hatte und die Europäische Kommission seit dem Lissabon-Vertrag die Kompetenz für Investitionsschutzabkommen aller EU-Länder hat. Die USA sind daher daran interessiert, diesen Bereich in die transatlantischen Verhandlungen einzubringen. Da die Umsätze von EU-Firmen in den USA etwa dreimal so hoch sind wie die EU-Exporte Richtung USA und umgekehrt und die US-Umsätze durch US-Tochterfirmen in der EU dreifach so hoch ausfallen wie die US-Exporte kommen Regeln für Investitionsschutz eine hohe Bedeutung zu. Durch den Abbau von Handelshemmnissen – inklusive nichttarifären Barrieren – könnte der Handel längerfristig stärker expandieren als Direktinvestitionen.

Bei den Investitionsschutzabkommen sollte man im Verhältnis EU-USA darauf setzen, dass auf beiden Seiten des Atlantiks ein Rechtsstaat besteht, so dass ein Investitionsschutzabkommen schlank gehalten werden kann. Das schließt allerdings keineswegs aus, dass es Probleme mit Blick auf die völkerrechtlichen Aspekte gibt – dieses Problem stellt sich dann, wenn der Verstoß eines Vertragspartners gegen TTIP im Raum steht. Man wird vernünftiger Weise durchaus das Instrument des Schiedsgerichts nutzen wollen, und zwar in Anlehnung an die Welthandelsorganisation. Zu achten ist allerdings darauf, dass eine Berufungsinstanz geschaffen wird und dass Kläger nicht zugleich Richter sein können. Gegen missbräuchliche Klagemöglichkeiten sollte man Vorkehrungen treffen.

Eine wichtige Frage ist auf die Definition von Ursprungsregeln gerichtet. Wie viel Prozent der Wertschöpfung muss aus der EU stammen, damit ein Produkt „Made in EU" als Stempelaufdruck tragen darf und zollfrei in die USA eingeführt werden darf. Entsprechend gilt es auch Ursprungsregeln für amerikanische Produkte festzulegen, die dann eben zollfreien Zugang zu den EU-Märkten haben. Hier sollte wohl eine Einigung möglich sein.

Höchst anspruchsvoll ist die Herausforderung bei den Produktstandards. Während EU-Länder auf Basis des Ursprungslandprinzips daran gewöhnt sind, gegenseitig legal in den Marktverkehr eingebrachte Waren zu akzeptieren, wäre für die USA die Anerkennung des Ursprungslandprinzips etwas grundlegend Neues. Tatsächlich wäre die transatlantische Anwendung des Ursprungslandprinzips aus ökonomischer Sicht in vielen Bereichen vernünftig, aber die USA als großes Land werden sich schwer tun, faktisch zu akzeptieren, dass ein neues Produkt, dass etwa in Portugal, Malta oder Lettland legal in den Verkehr gebracht worden ist, auch auf dem US-Markt angeboten werden kann. Es sollte am Ende ein Paket stehen, bei dem über ein Mehr an Wirtschaftswachstum dann auch Länder in anderen Weltregionen von einem mittelfristigen Exportwachstum ausgehen können.

Als sehr schwierig ist die Aufgabe anzusehen, gemeinsame Regulierungen zu entwickeln. Dabei ist darauf hinzuweisen, dass in den USA in der Regel politisch unabhängige Regulierungsinstitutionen entscheiden, während in der EU eher staatliche Institutionen im engeren Sinn aktiv sind. Gemeinsame Regulierungen wären gerade auch im Dienstleistungsbereich wünschenswert. Es fehlt bislang etwa im Bereich der Telekommunikation eine transatlantische Rahmenregulierung, aber auch bei pharmazeutischen Produkten. Gemeinsame Regulierungen oder eine Rahmenvereinbarung könnten auch im Medizin- und Pharmabereich sinnvoll sein. Bei Medikamenten für seltene Krankheiten könnten innovative Firmen eine Zulassung in den USA oder der EU anstreben – diese gilt dann für den ganzen Wirtschaftsraum.

Reale Wechselkurseffekte und Direktinvestitionen

Mit zu bedenken sind allerdings auch reale Wechselkurseffekte: Wenn etwa die Außenhandelseffekte in einer ersten Anpassungsphase im transatlantischen Handel zu Gunsten der USA ausfallen sollten, dann kommt es zu einer realen Dollaraufwertung, die für einen erhöhten Zufluss an Direktinvestitionen in die EU- bzw. die Eurozone sorgt (FROOT/STEIN, 1991). Aus erhöhten Direktinvestitionszuflüssen in der EU können dann mittel- und langfristig verstärkte Innovationsimpulse entstehen. Allerdings besteht grundsätzlich auch das Risiko, dass EU-Direktinvestitionen verstärkt in die USA fließen bzw. dass Direktinvestitionen aus Drittländern die USA gegenüber Deutschland bzw. den EU-Ländern insgesamt bevorzugen könnten.

Wenn man die Standardliteratur zu US-Direktinvestitionen betrachtet (u.a. LEIN/ROSENGREN, 1992), dann wird die Rolle der relativen Vermögensposition von Ländern als Treiber von Direktinvestitionen betont; in die relative Vermögensposition geht der Wechselkurs (e) unmittelbar ein, da etwa das Vermögen in den USA (A'^*) relativ zum Vermögen in Deutschland (A') sich ergibt als eA'^*/A': Eine Abwertung des Euro bzw. ein Anstieg von e erhöht die Relation US-Vermögen zu Vermögen in Deutschland. Je höher die Relation Inlandsvermögen zu Auslandsvermögen ist, desto weniger werden angedachte Unternehmensübernahmen im Ausland durch die – relative – Vermögenshöhe beschränkt. Die Vermögenshöhe ist jeweils relevant, wenn es um eine kreditfinanzierte internationale Unternehmensübernahme geht, je höher das Vermögen bzw. das Eigenkapital ist, desto eher wird man mit einem Sieg im internationalen Übernahmekampf um ein Unternehmen im Ausland rechnen können. Dieses Argument ist offenbar für internationale Übernahmen und Beteiligungen relevant, weniger aber für „greenfield investments", obwohl der Landerwerb hier auch ein wesentlicher Teilaspekt sein wird. Die empirischen Untersuchungen zeigen im Übrigen im Vergleich zur relativen Vermögensposition eine eher geringe Bedeutung der relativen Lohnposition.

Soweit für Länder in Asien und Lateinamerika als Folge von TTIP Handelsumlenkungseffekte zu erwarten sind, dürften asiatische und lateinamerikanische zu verstärkten Direktinvestitionen in den USA und der EU bzw. der Eurozone stimuliert werden – durch die Präsenz von Tochterunternehmen in den USA bzw. der EU/Eurozone kann man den Handelsumlenkungseffekten teilweise entgehen. Demnach könnte es zu einer kurz- und mittelfristigen nominalen und realen Dollar- und Euro-Aufwertung gegenüber Währungen in Asien und Lateinamerika kommen. Das wird dann längerfristig erhöhte Direktinvestitionen von US-Firmen und EU-Firmen in Asien und Lateinamerika (ggf. auch anderen Weltregionen) zur Folge haben, so dass es dort zu einem verstärkten internationalen Technologietransfer kommt. Letzterer hat einen positiven Effekt auf das Bruttoinlandsprodukt dieser Länder. Den kurzfristigen negativen Handelsumlenkungseffekten stehen von daher wohlfahrtsökonomisch langfristig positive Effekte aus dem globalen Technologietransfer entgegen.

Wie werden die Direktinvestitionsströme sich zwischen EU/Eurozone bzw. Deutschland und USA entwickeln? Zunächst ist festzustellen, dass das Vorhandensein firmenspezifischer Vorteile in bestimmten Sektoren jeweils in den USA (z.B. IKT-Sektor) und Deutschland/Eurozone (z.B. Maschinenbau) zu verstärkten Direktinvestitionen in bestimmten Sektoren führen kann: Denkbar ist etwa, dass US-IKT-Firmen verstärkt in der EU bzw. auch in Deutschland investieren, umgekehrt könnte seitens deutscher Maschinenbauer eine Erhöhung von Direktinvestitionen in den USA erfolgen. Bei der Automobilindustrie, in der deutsche Firmen eine besonders starke Position in der EU und auch weltweit – zusammen mit Anbietern aus Japan und Korea – haben, ist denkbar, dass es zu verstärkten Direktinvestitionen in den USA bzw. in der NAFTA kommt. Soweit der EU-Markt dann deutlich verstärkt aus US-Tochterfirmen der deutschen Autohersteller bedient würde, käme es wohl auch zu Jobverlusten in den Automobilfabriken in Deutschland. Weniger problematisch wäre eine Art von „moderater Produktionsteilung" auf transatlantischer Ebene in der Automobilindustrie: Da in den USA vor allem größere Autos kundenseitig bevorzugt werden, ist es denkbar, dass deutsche Autohersteller ihre Produktionskapazitäten vor allem in diesem Segment in der NAFTA ausbauen: Das ergibt u.a. den Vorteil, dass Kunden mit einem „home bias" (Bevorzugung inländischer Produzenten) leichter gewonnen werden können, die im Vergleich zu den USA kleineren EU-Märkte für große PKWs werden dann quasi nebenbei aus US-Werken bedient. Gleichzeitig könnte in der EU die Produktion mit Mittelklassewagen und Kleinwagen anziehen. Da aber bei den Oberklasse-PKWs die Margen sicherlich größer als bei Klein- und

Mittelklasseautos sind, könnten die lohnpolitischen Verteilungsspielräume in der Automobilindustrie in Deutschland abnehmen. Nicht auszuschließen ist auch, dass eine verstärkte Präsenz deutscher Direktinvestoren in Nordamerika in der Automobilindustrie dazu führen wird, dass unter Hinweis auf weitere Verlagerungsmöglichkeiten die Lohnerhöhungsspielräume in Deutschland abnehmen könnten. Allerdings kann man auch ein positives Szenario in Betracht ziehen: US-Direktinvestoren aus verschiedenen Branchen werden verstärkt in Deutschland investieren, so dass die Kapitalintensität und die Arbeitsproduktivität sowie die lohnpolitischen Verteilungsspielräume steigen. Ein solches Szenario wird eher wahrscheinlich, wenn die Wirtschaftspolitik in Deutschland für einen weiterhin attraktiven Direktinvestitionsstandort sorgt; in diesem Kontext gilt es Fachkräftemangel und Überregulierung zu vermeiden. Da ein erheblicher Teil von Regulierungen aus Brüssel bzw. von der EU kommt, ist auch mit Blick auf die Kommissionsaktivitäten verstärkte Aufmerksamkeit geboten. Es geht dabei hier keineswegs darum sinnvolle neue Regulierungen zu unterlassen – sie sind dringend notwendig etwa im Bankenbereich (WELFENS, 2012; WELFENS, 2013); aber eine überzogene Regulierung für die Industrie ist nach Möglichkeit zu vermeiden. In diese Richtung wirkt allerdings TTIP insofern automatisch, als die Überlappung von wenig regulierten US-Märkten und stärker regulierten EU-Märkten zu einem gewissen Druck hin auf Deregulierung führen wird. Aus Verbrauchersicht ist es allerdings wichtig, auf hohe Qualitätsstandards hinzuwirken. Hier kann man durchaus aus EU-Sicht bzw. der Sicht Deutschlands transatlantische Initiativen entwickeln, um etwa über neue Qualitäts-Labels den Qualitätswettbewerb im transatlantischen Markt zu unterstützen.

Umweltaspekte

Umweltaspekte ergeben sich im Kontext von TTIP in mehrfacher Hinsicht. Einerseits ist davon auszugehen, dass die Impulse für höhere Innovationsdynamik zu Effizienzgewinnen und zu höherer Ressourceneffizienz führen werden, was mit Blick auf die Umwelt positiv einzuordnen ist. Andererseits ist mit einer verstärkten Verlagerung von energieintensiver Produktion in Länder außerhalb des TTIP-Raums zu rechnen (Carbon-leakage-Problem); dies kann als teilweise unvermeidliches Element des langfristigen Strukturwandels auch im Kontext der Globalisierung gesehen werden. Aber vor allem die EU müsste angesichts der wachsenden transatlantischen Strompreisschere mit einer deutlichen längerfristigen Abwanderung von energieintensiven Produktionsbereichen rechnen. Aus US-Sicht ergeben sich allerdings auch Möglichkeiten, anspruchsvolle EU-Umweltstandards aufzunehmen, soweit nämlich EU-Standards in bestimmten Wirtschaftsbereichen dank TTIP dann auch auf die USA ausstrahlen (SIERRA CLUB, 2013):

- die beiden Seiten könnten sich darauf verständigen, dass jeweils relativ hohe Standards auch weiterhin beibehalten werden können;

- die relativ alten Chemie-Sicherheitsstandards der USA, die auf den Toxic Substances Control Act (TSCA) von 1976 zurückgehen, könnten mit Blick auf die in der EU seit 2006 geltende REACH-Richtlinie modernisiert bzw. verschärft werden;

- aus US-Sicht als problematisch kann gelten, dass für den Fall das TTIP „national treatment for trade in gas" beinhaltet – ein typische Handelsliberalisierungsformel – das US-Energieministerium automatisch beantragte US-Gas-Exporte Richtung EU freigeben müssten: Die Wirkung in der EU wäre eine Dämpfung der Energiepreise, zugleich dürfte dann in den USA die Exploration von Gas aus unkonventionellen Quellen beschleunigt voranschreiten, was möglicherweise mit verstärkten Gesundheitsgefahren für die Bevölkerung (etwa mit Blick auf die Wasserqualität, die durch fracking beeinträchtigt werden könnte) verbunden sein könnte.

- Investitionsschutzabkommen könnten genutzt werden, um anspruchsvolle Umweltstandards durch von multinationalen Unternehmen angestrengte Prozesse zu untergraben – dieser Gefahr kann man vermutlich jedoch EU-seitig durch sorgfältige Begrenzung der Bestimmungen beim Investitionsschutzabkommen entgegenwirken.

Man kann im Übrigen darauf verweisen, dass aus EU-Sicht natürlich bei TTIP auch ein verstärktes Interesse bestehen wird, den CO_2-Emissionshandel Richtung USA auszudehnen. Ein solcher Emissionshandel kann tendenziell als effizientes Mittel zur Internalisierung negativer externer Effekte bzw. als sinnvolles Instrument gegen den Klimawandel eingestuft werden. Dabei wäre zu prüfen, ob durch eine transatlantische Ankaufspolitik bei CO_2-Zertifikaten ein Mindestpreis gesichert werden kann, der wiederum für Investitionssicherheit in Teilbereichen der Energiewirtschaft wünschenswert erscheint. Wenn durch ein steigendes Pro-Kopf-Einkommen auf beiden Seiten des Atlantiks die politische Nachfrage nach sauberer Umwelt weiter steigt – typischerweise steigt mit dem Einkommen auch die Nachfrage nach intakter Umwelt -, ergeben sich auch neue Chancen für eine transatlantische und globale Nachhaltigkeitspolitik. Hier wären einfache und konsistente Nachhaltigkeitsindikatoren zu entwickeln (siehe etwa den kompakten EIIW-vita-Nachhaltigkeitsindikator: WELFENS/ERDEM/PERRET, 2008), die als Basis für ein sinnvolles Nachhaltigkeitskonzept der Wirtschaftspolitik gelten können. Auch bei Fragen zur Entwicklung umweltrelevanter Berichtsstandards bzw. von Nachhaltigkeitsberichten auf Unternehmensebene könnten sich positive Ansätze insofern ergeben, als eine transatlantische Verabschiedung von Mindest-Berichtsstandards für börsennotierte Unternehmen ein Mehr an Transparenz einerseits bringen und zugleich den Umwelt-Qualitätswettbewerb in der transatlantischen Freihandelszone stärken könnte. Hieraus können sich dann durchaus auch verstärkte Nachhaltigkeitsimpulse aus und für die Finanzmärkte ergeben – und dies wiederum könnte dann auch global positive Nachhaltigkeitsimpulse bedeuten. Aus EU-Sicht wie aus US-Sicht dürfte es jedenfalls wünschenswert sein, auch Optionen auszuloten, die sicherstellen, dass sich nicht nur die beiden größten Wirtschaftsräume der Welt dank TTIP ökonomische Wohlfahrtsgewinne haben, sondern dass sich ein längerfristiges globales Win-Win-Paket ergibt.

Es ist aus transatlantischer Sicht bzw. aus der Perspektive der EU besonders darauf zu achten, dass die Regeln in den Finanzmärkten und für Banken in den USA und der Europäischen Union stabilitäts- und effizienzförderlich sind. Wenig wäre für den Wohlstand der EU und der USA gewonnen, wenn verstärkte Integration in der Realwirtschaft einher ginge mit hoher bzw. steigender Instabilitätsneigung von transatlantischen Finanzmärkten. Hier sind Reformen dringlich, die u.a. Anreize für mehr langfristige und realistische Renditen im Bankenbereich bringen – an die Einführung einer Volatilitätssteuer bei der Eigenkapitalrendite ist hier zu denken (WELFENS, 2012; WELFENS, 2007). Die EU bzw. einzelne EU-Länder könnten hier im Bereich der Steuerpolitik vorangehen. Im Übrigen kommt es auf eine vernünftige Umsetzung der Basel-III-Regeln an, eine Mindestregulierung der Hedge Fonds und ein rechtzeitiges Aussteigen aus der extremen Niedrigzinspolitik in den USA, Großbritannien und der Eurozone – hier entstanden schon 2013 Ansatzpunkte für Blasen im Aktienmarkt. Insgesamt stellen sich erhebliche Herausforderungen für die Politik in den USA und Europa.

Rolle transatlantischer Preisdifferenzierung bei Konsumgütern

Wenn nichttarifäre Handelshemmnisse allgemein abgebaut werden, wird es zu einer Intensivierung des Handels insbesondere auch mit Konsumgütern kommen. Hierbei geht es um differenzierte Produkte, für die es auf beiden Seiten des Atlantiks jeweils gewisse konsumentenseitige Bevorzugungen einheimischer Güter gibt (in einigen Marktnischen gibt es auch eine Bevorzugung ausländischer Güter mit Top-Qualitätsimage). Ähnliche und sogar identische Güter werden dann unterschiedliche Gleichgewichtspreise auf beiden Seiten des Atlantiks haben. Wenn es im Zuge von Marktintegration und Konsolidierungen auf den Märkten zu einer Verminderung von Marken käme, dürften sich die transatlantischen Preisunterschiede vermindern. Dies dürfte im Automobilmarkt in einzelnen Fällen zu lasten deutscher Anbieter gehen, deren Autos zu relativ hohen Preisen bislang in den USA bzw. Nordamerika Absatz finden. Kommt es zu transatlantischen horizontalen Unternehmenszusammenschlüssen, könnten sektorale Preiserhöhungen im Zuge erhöhter Marktanteile führender Unternehmen entstehen. Hier sollte die Wettbewerbspolitik auf beiden Seiten des Atlantiks die Marktdynamik sorgfältig im Auge behalten. Der mittelfristig eher relevante Fall dürfte jedoch so aussehen, dass Wettbewerbsintensivierung und Abbau von Handelshemmnissen auf beiden Seiten des Atlantiks zu einer absoluten Preissenkung bei handelsfähigen Gütern führen, also zu Realeinkommensgewinnen führen.

Wenn das entsprechende Premium-Image deutscher Autos in den USA nach der Realisierung des transatlantisch integrierten Marktes abbröckeln sollte, so werden die Exportdurchschnittserlöse deutscher Exporteure sinken. Zugleich könnte sich ein verstärkter Export von preiswerten US-Fahrzeugen aus den USA ergeben – dem stehen allerdings die Interessen der multinationalen US-Automobilfirmen entgegen, die über ihre Tochterunternehmen in Europa ihrerseits eine europäische Hochpreisstrategie weiter zu verfolgen suchen dürften. Nicht unproblematisch könnte der Fall Fiat-Chrysler werden: Fiat-Chrysler hat Anfang 2014 entschieden, den Firmensitz von Mailand in die Niederlande zu verlegen, den steuerrelevanten Sitzort wiederum in London anzusiedeln. Hier steht die fragmentierte Steuerpolitik in der EU vor Problemen: Im Zuge transatlantischer Unternehmenszusammenschlüsse könnten sich ähnliche Veränderungen wie bei Fiat-Chrysler auch bei anderen Automobilkonzernen ergeben. Das kann man als problematisch ansehen und die EU-Länder wären wohl gut beraten, einen Mindest-Körperschaftssteuersatz vorzusehen; oder auch einen Standardsteuersatz, von dem einzelne Mitgliedsländer um maximal x Prozentpunkte nach unten abweichen können. Jedenfalls wird man seitens der EU-Länder sinnvollerweise auch die steuerlichen Aspekte von TTIP analysieren und in Modellen simulieren.

7. Wirtschaftspolitische Konsequenzen

Es ist im Interesse Deutschlands und der EU-Länder, die historische Chance zu nutzen, wohl letztmalig eine westliche Liberalisierungsinitiative auf den Weg zu bringen, die große gemeinsame Vorteile bringen kann – inklusive einer Stärkung der wirtschaftlichen und politischen Position des Westens gegenüber China bzw. Asien. Wenn es keinen Erfolg der Transatlantischen Freihandelsgespräche gäbe, wird kein einziges Problem in Europa leichter gelöst, aber viele Probleme werden dann mittelfristig komplizierter und die USA könnten ohnehin durch eine forcierte Handelsliberalisierung mit Asien – im Kontext des Trans-Pacific Partnership – ihre globale Position weiter verbessern.

Die vorliegende Analyse hat eine Reihe von neuen Befunden vorgelegt, die sich vor allem auf bestimmte wichtige Wirtschaftssektoren bezogen und dabei auch Herausforderungen für die Wirtschaftspolitik verdeutlicht. Die Transatlantische Handelsliberalisierung bringt tendenziell für die USA größere Vorteile als für die EU bzw. Deutschland, allerdings liegt es an den europäischen Ländern selbst, hier durch geeignete Flankierungsmaßnahmen die Produktions- und Beschäftigungschancen der EU-Länder zu verbessern. Die Automobilindustrie Deutschlands dürfte in jedem Fall zu den Gewinnern einer transatlantischen Handelsliberalisierung sein – jedenfalls solange, wie die USA nicht einfach als dominanter Akteur einfach ihr bestehendes Rechtssystem unverändert lassen können. Die in den USA bestehenden umfassenden Möglichkeiten zu Schadensersatzklagen könnten faktisch US-Produktstandards in der Autoindustrie einseitig den EU-Herstellern aufbürden, so dass nur bei diesen Anpassungskosten entstünden.

Von den hier beleuchteten wichtigen Industriebranchen gibt es bei einer TTIP-Realisierung mit Ausnahme wohl der Automobilindustrie besonders gute Chancen für eine Expansion für US-Firmen bzw. für Wohlfahrtsgewinne der USA im Kontext mit der Einführung eines Transatlantischen Freihandels. Unklar ist allerdings, ob die mittelfristige Erhöhung des Marktanteils von Elektrofahrzeugen eher den USA oder eher Deutschland bzw. der EU zugute kommen werden.

Die EU-Länder und sicherlich gerade auch Deutschland sind aufgefordert, bei der Energiepolitik – in Deutschland bei der Energiewende – die Problematik starker transatlantischer Preisunterschiede bei Strom für die Industrie nicht aus dem Auge zu verlieren. Da in den USA auch Erdgas – ein wichtiges Vorprodukt für den Chemiesektor – in der ersten Dekade des 21. Jahrhunderts deutlich preiswerter als in der EU ist, haben die USA als Standort mittelfristig gegenüber Deutschland bzw. den meisten EU-Ländern große Vorteile. Bei einem verschärften Wettbewerb auf den transatlantischen Märkten dürften die USA als Standort für EU-Direktinvestitionen in energieintensiven Sektoren profitieren.

Die Expansion der innovativen Fracking-Technologie in der US-Öl- und der US-Gaswirtschaft, die in der ersten Dekade des 21. Jahrhunderts festzustellen war – bei gleichzeitigen Moratorien etwa in Deutschland und Frankreich mit Blick auf diese neuen Technologien –, dürfte noch Jahrzehnte voranschreiten. Es ist kaum zu verstehen, dass in großen EU-Ländern, darunter Deutschland, nicht einmal Forschungsbohrungen in Sachen Fracking-Technologie betrieben werden können (dabei gibt es auch in Deutschland vielversprechende Landesteile, die nicht dicht besiedelt sind). Ideologische Barrieren der Politik können in der EU bzw. einzelnen EU-Ländern flächendeckende bzw. landesweite Moratorien durchsetzen, was in den USA angesichts des dortigen anderen Bodenrechtes kaum möglich wäre. Während in den USA natürliche Ressourcen unter dem Land im Eigentum von Individuen diesen eigentumsmäßig gehören – sie können also an innovative Explorationsfirmen Bohrrechte individuell verkaufen –, gehören diese Ressourcen in Deutschland dem Staat, so dass dieser über die Vergabe oder Nichtvergabe von Förderlizenzen die Anwendung innovativer Bohrtechnologien im Zweifelsfall unterbinden kann. Es ist nicht zu übersehen, dass Fracking-Technologien unter bestimmten Bedingungen das Risiko negativer externer Effekte haben, aber die Frage stellt sich in Deutschland und Europa, ob man durch eine Auswahl von Technologien die Risiken effektiv und kostengünstig minimieren kann. Die USA werden im Übrigen dank der starken Expansion des Gasanteils im Energiemarkt gegenüber der EU in Sachen CO_2-Emissionsdynamik mittelfristig in Sachen Klimaschutz weiter aufholen, da Gas im Vergleich zu Kohle einen relativ geringen CO_2-Ausstoß bei der Verbrennung hat. Die nachfolgende Tabelle zeigt im Übrigen, dass die US-Industriestrompreise 2012 nur etwa halb so hoch wie in Deutschland waren – und diese Lücke droht längerfristig noch größer zu werden.

Tabelle 17:   Strompreise für die Industrie in $/Megawattstunde

	1978	1980	1990	2000	2007	2008	2009	2010	2011	2012
Deutschland	47,42	57,59	91,28	40,55	108,90	128,95	139,55	135,83	157,23	148,72
USA	27,90	36,90	47,50	46,00	63,94	68,28	68,12	67,89	68,21	66,98
Preisrelation Deutschland/USA	1,70	1,56	1,92	0,88	1,70	1,89	2,05	2,00	2,31	2,22
Italien	43,15	65,16	97,58	88,94	236,99	289,81	276,15	258,09	279,31	291,79
Niederlande	31,16	59,20	52,30	57,05	120,75	132,90	128,65	116,09	118,48	109,51
Spanien	27,98	44,32	97,39	42,58	89,59	125,15	103,15	131,88	148,77	k.A.
Vereinigtes Königreich	37,98	62,76	70,69	55,40	129,88	145,94	134,29	121,06	129,49	134,17
Frankreich	32,41	47,98	56,39	35,76	92,19	104,83	106,70	106,95	121,54	116,33

Quelle: IEA (2013), Electricity Information 2013.

Deutschland hat mit z.T. sonderbaren Weichenstellungen der Energiewende bzw. der Strompolitik in der ersten Dekade des 21. Jahrhunderts einerseits steigende Marktanteile subventionierter erneuerbarer Energieträger begünstigt, aber andererseits auch nach 2008 einen deutlichen Anstieg des Marktanteils von Kohle bei der Stromerzeugung; der niedrige Preis für CO_2-Zertifikate hat hier zum sinkenden Marktanteil von Gas in der Stromerzeugung in EU-Ländern bzw. zum Anstieg des Kohleanteils im Strommarkt beigetragen, wobei für den Zertifikatspreis die Europäische Kommission mit verantwortlich ist. Es wäre sicherlich erwägenswert, dass von Seiten der EU bzw. der Europäischen Kommission plus der EU-Mitgliedsländer Emissionszertifikate verstärkt angekauft würden – ein Mindestpreis von z.B. 10 € pro Tonne CO_2-Äquivalent dürfte den Marktanteil von Gas bei der Stromerzeugung deutlich erhöhen. Ob die EU-Länder dank neuer Gas-Pipelinesysteme Richtung Asien mittelfristig günstiger an Erdgas zuverlässig kommen können, bleibt abzuwarten. Die EU-Energiepolitik und nationale Energiepolitik der einzelnen EU-Länder sollte jedenfalls im Kontext der Transatlantischen Freihandelsverhandlungen seitens der Verantwortlichen in der Wirtschaftspolitik wieder verstärkt in den Fokus genommen werden.

Energiewende-Kosten in Deutschland: Probleme für die Automobilindustrie und andere Sektoren

Die Energiewende in Deutschland hat zu einer strukturellen Förderung bzw. Subventionierung der Produktion erneuerbarer Energien geführt, die beigetragen hat, den Anteil erneuerbarer Energien in der Stromerzeugung binnen eines Jahrzehnts auf gut 25% zu erhöhen. Dass dabei die Förderung von Solar-Energie deutlich im Vordergrund stand, obwohl die klimatischen Bedingungen für Solarstromproduktion in Deutschland relativ ungünstig sind, ist sonderbar und ökonomisch sicherlich weitgehend ineffizient gewesen. Als globalen positiven externen Effekt kann man die Verminderung von CO_2-Emissionen einordnen, aber auch Kostendegressionseffekte durch statische und dynamische Skaleneffekte, von denen auch Produzenten außerhalb Deutschlands bzw. Exporteure von Solar-Panels nach Deutschland profitiert haben. Dies hat dann die Investitionsdynamik bei der Installation von Solaranlagen auch außerhalb der EU befördert, wobei empirische Analysen zu den relevanten Größenordnungen nicht vorliegen. Von den Klima- und Wetterbedingungen her macht die Förderung von Windenergie in Deutschland schon mehr Sinn, wobei aus ökonomischer Sicht Innovationsförderung in diesem Bereich angesichts erheblicher erwarteter Innovationseffekte und CO_2-Minderungseffekte in angemessener Höhe wünschenswert ist. Ein Problem besteht nun allerdings darin, dass die Art der Förderung bzw. die in diesem Kontext eingeführte EEG-Umlage problematisch ist, denn die EEG-Umlage bringt eine Belastung der Haushalte und der Firmen – wobei letztere im Exportbereich von der EEG-Förderung zum Teil ausgenommen sind, was im EU-Binnenmarkt aus EU-Sicht als Wettbewerbsverzerrung eingestuft werden könnten; die EU kann dann im Rahmen der EU-Beihilfen-Aufsicht Fördergelder bzw. Subventionen zurückfordern. Hinzu kommt das Problem, dass die Art der Förderung der Erneuerbaren Energien – nämlich mit festen Sätzen über 20 Jahre – keine signifikanten Innovationsstimulierung erbrachte (EFI, 2014).

Hinzu kommt, dass für stromintensive Sektoren der Druck steigen wird, die Produktion bzw. Vorprodukt-Herstellung in EU-Ausland bzw. die USA zu verlagern (IHS, 2014); in der IHS-Studie wird darauf verwiesen, dass z.B. Volkswagen einen Teil der Bremsscheiben-Herstellung wegen Intra-EU Energiekostenunterschieden nach Bosnien verlagert hat (das geht im Übrigen mit ökologisch problematischen zusätzlichen Transportemissionen einher) – bei einem Auslaufen der EEG-Umlagen-Befreiung für die Autoindustrie in Deutschland droht, ausgehend von 6% Anteil der Energiekosten in der Autoindustrie (34% für Lohnkosten, 60% Materialkosten), eine Verlagerung der Autoproduktion in EU-Partnerländer oder gar in die USA. Der Anteil der Stromkosten in der Endmontage bzw. bei der Produktion am Band dürfte bei einigen Herstellern auch durchaus höher als 6% betragen – und wenn die Endmontage von Automobilen erst einmal von Deutschland in EU-Partnerländer oder in die USA abwandert, dann dürften auch hochwertige sektorbezogene Forschungsaktivitäten von einer Verlagerung bedroht sein. Geht man davon aus, dass jeder 10. Arbeitsplatz in Deutschland an der Automobilproduktion und ihren Zuliefersektoren abhängt, dann steht bei der Energiewende gerade mit Blick auf die Autoindustrie wertschöpfungs- und beschäftigungsmäßig viel auf dem Spiel. Die Regierung wäre daher gut beraten, die Förderung erneuerbarer Energien auf bessere Konzepte umzustellen. Das bisherige Förderkonzept ist weder ökologisch noch ökonomisch effizient – bei einer Subventionierung via EEG-Umlage von etwa 20 Mrd. € pro Jahr (in 2012) macht der Marktwert des mit erneuerbaren Energien hergestellten Stroms nur etwa 2 Mrd. € aus, wozu man noch einen Marktwert von maximal 1 Mrd. € von vermiedenen CO_2-Emissionen ausgehen kann; letzteres ergibt sich nur bei einer extremen Annahme eines Emissionszertifikatpreises von etwa 30 € pro Tonne CO_2. Es wäre im Übrigen dringlich, in der EU einen voll integrierten Strommarkt auf Wettbewerbsbasis herzustellen, der für eine ökonomisch und ökologisch effiziente Arbeitsteilung im EU-Raum unerlässlich ist. Dabei stellen die Atomkraftwerke in Europa mit ihren versteckten Subventionen durch eine massive Unterversicherung ordnungspolitisch ebenfalls ein Problem dar und sicherlich tragen sie auch zu Verzerrungen im EU-Strommarkt bei (in Deutschland ist die staatlich geforderte Versicherung pro AKW-Anlage mit 2,5 Mrd. € sehr niedrig, gemessen an der erwarteten Schadenshöhe von etwa 5000 Mrd. € für einen GAU; eine marktbasierte Versicherung existiert nicht, vielmehr haben die Betreiber eine Art Eigenversicherungsmodell realisiert; schon ein Unfall in der Dimension von Fukushima dürfte den Konkurs für das betreffende

AKW-Unternehmen bedeuten und damit könnten Geschädigte wiederum nur auf den Staat in Sachen weitere Entschädigung zugreifen – das ist aber ein Modell wie bei der Transatlantischen Bankenkrise, bei dem Großbanken wegen Too-big-to-fail-Probleme nicht in Konkurs gehen konnten bzw. auf Steuerzahlerkosten gerettet wurden; man stelle sich zum Vergleich vor, dass in der PKW Haftpflichtversicherung nur 1/200 des maximal denkbaren Schadens zu versichern wäre!).

Auf Seiten der Tarifvertragsparteien dürften im Fall einer TTIP-Realisierung von der Vorleistungsstruktur her die Bereiche Chemie und Automobilwirtschaft relativ unproblematisch sein. Die Akteure in der Chemieindustrie sind bei den Endprodukten wie in erheblichem Maße bei den Vorprodukten in derselben Branche tätig. Die Automobilwirtschaft Deutschlands hat ebenfalls einen erheblichen Anteil an inländischen intra-sektoralen Vorleistungen. Dennoch könnten auch im Zuge eines expandierenden transatlantischen Automobilmarktes neue Probleme auch in Deutschland entstehen: für hochleistungsfähige Batterien notwendige spezielle Metalle könnten in unzureichender Weise in Deutschland verfügbar sein – möglicherweise auch deshalb weil der führende Anbieter Thyssen-Krupp das entsprechende Werk in Gelsenkirchen aus Not verkaufen will – der Konzern ist durch gewaltige Verluste bei zwei sehr schlecht geplanten Neubauprojekten in den USA und Brasilien in eine Existenzkrise geraten.

Es ist mit Blick auf den zunehmend gewichtigen und dabei seit vielen Jahren besonders innovationsstarken IKT-Sektor unverständlich, dass die vorhandenen Politikinitiativen nicht weiter forciert werden. Die nationalen IT-Gipfel, die die Bundesregierung jährlich – mit Ausnahme von 2013 – durchgeführt hat, sind zwar ein wichtiger nationaler Impulsgeber. Aber erstens fehlt ein vergleichbarer EU-IT-Gipfel von Format und zweitens werden die Chancen des jeweiligen nationalen IT-Gipfels vom jeweils veranstaltenden Bundesland in unterschiedlicher Weise aufgenommen. Nur teilweise überzeugend ist bislang etwa die Folgedynamik des Essener IT-Gipfels von 2012, der dem bevölkerungsmäßig größten Bundesland eigentlich besondere Chancen bietet, den IKT-Sektor energisch weiter zu entwickeln; gerade im Ruhrgebiet selbst ist der IKT-Sektor weiterhin wenig entwickelt, obwohl doch hier enorme Modernisierungs- und Innovationsmöglichkeiten sowie Beschäftigungschancen liegen. Zu den bedenklichen und z.T. sonderbaren Entwicklungen gehört auch – nicht ganz überraschend -, dass Deutschland im Bereich intelligenter Stromnetze kein führendes EU-Land ist. Einerseits verzögern große Akteure wie RWE – ein von der Eigentümerstruktur her stark kommunal geprägtes Großunternehmen – und E.ON, dass man innovative Datenkonzepte rasch günstig und flächendeckend umsetzen kann: Diese Regionalmonopolisten möchten offenbar, dass die in den Haushalten anfallenden Daten aus den intelligenten Stromzählern und den daran angeschlossenen internetfähigen Haushaltsgeräten den Stromkonzernen gehören, was innovationsschädlich und auch ordnungspolitisch für eine Soziale Marktwirtschaft sonderbar ist. Eine marktkonforme und innovationsförderliche Lösung sähe so aus, dass den privaten Haushalten natürlich die Nutzungsdaten aus den im Haushalt genutzten intelligenten Haushaltsgeräten gehören. Diese könnten dann von den Haushalten gegen Entgelt an interessierte Unternehmen verkauft werden: Wenn etwa ein innovationsorientierter Waschmaschinenhersteller in Echtzeit von einer repräsentativen Gruppe von Nutzern Daten über Strom- und Wasserverbrauch sowie Waschergebnis zwecks Verbesserung der Innovations-dynamik haben will, so ist im Smart Grid ein exzellenter Ansatzpunkt für Inno-vationsbeschleunigung. Das Hochlohnland Deutschland sollte natürlicherweise daran interessiert sein, für solche Innovationsmöglichkeiten gute Rahmenbedin-gungen zu schaffen.

Die Behauptung in einer von der Deutschen Bundesregierung finanzierten Stu-die von Ernst & Young aus 2013 über die Kosten von Stromzählern, wonach sich für etwa 1/6 der Haushalte der Einbau solcher Zähler nicht lohne, ist ange-sichts der hohen bzw. steigenden Stromkosten merkwürdig. Gerade der Über-gang zu einem flächendeckenden intelligenten internetbasierten Stromnetz kann eine optimale dynamische Abstimmung von Angebots- und Nachfrageseite im nationalen bzw. europäischen Strommarkt massiv erleichtern und dabei die Netzlastspitzen deutlich reduzieren. Das bedeutet, dass weniger Kraftwerke und weniger Transportleitungen für Strom verfügbar sein müssen als im Fall ohne intelligente Netze; das wiederum bedeutet Einsparung von Kapitalkosten bzw. geringere Stromkosten für alle und von daher ist denn auch nur eine breitere gesamtwirtschaftlich ausgerichtete Smart-Grid-Analyse sinnvoll als Basis für vernünftige Weichenstellungen der Wirtschaftspolitik bei intelligenten Stromnet-zen. Milliardenschwere auf Smart-Grids basierende Einsparungen im Stromsys-tem könnten geringere Strompreise für die privaten Haushalte und mehr rentable Arbeitsplätze in stromintensiven Unternehmen bedeuten.

Es ist Bund und Ländern anzuraten, bestehende bzw. frühere industriebezogene oder auf innovative Dienstleistungen fokussierende Cluster-Initiativen in sinn-voller Weise fortzuführen. Wenn es einen transatlantischen integrierten „Super-markt" gibt und dabei der Innovationswettbewerb sich transatlantisch und global deutlich verschärft, wird es umso wichtiger sein, dass die Innovationsdynamik in der Wirtschaft weiter gefördert und sinnvoll stimuliert wird.

Ein Schlüsselsektor ist für die Innovations- und Wachstumsdynamik Deutsch-lands der IKT-Sektor. Es ist dringlich, dass hier nationale bzw. EU-seitige Inno-vationsförderung für wichtige Projekte erhöht wird und sinnvolle Rahmenbedin-gungen für einen stärker integrierten EU-Binnenmarkt geschaffen werden; eine Marktkonsolidierung in der EU sollte erleichtert und die Rahmenbedingungen investitionsförderlich angepasst werden (in diesem Kontext ist eine allgemeine

Internet-Flat-Rate, die Mega-Nutzern das Internet zum Nulltarif bereit stellt, problematisch). Sonst hätten EU-Firmen in einem transatlantisch integrierten Telekommunikationsmarkt politisch bedingte Wettbewerbsnachteile. Zugleich ist zu überlegen, inwieweit ein flächendeckender mobiler Breitband-Universaldienst – als Basisdienst - EU-weit oder auch im Wirtschaftsraum EU plus USA definiert und durch Umlagen und Steuergelder finanziert werden kann. Das Internet bzw. der IKT-Sektor und die Höhe der IKT-Investitionsquote auf Basis von realen Investitionszahlen und des realen Bruttoinlandsproduktes werden deutlich unterschätzt (WELFENS/PERRET, 2014).

Grundsätzlich bedeutet ein integrierter transatlantischer Markt natürlich, dass die Anbieter aus beiden Seiten Chancen haben, sich im größeren und wettbewerbsintensiveren Markt zu behaupten. Wenn TTIP vor allem eine relative Expansion von EU-Firmen bedeutete, dann wäre diese zugleich ein Impuls, das europäische System der Sozialen Marktwirtschaft zu stärken und dessen Ansehen weltweit zu stärken; also auch das Interesse an institutioneller Nachahmung in allen Teilen der Welt zu erhöhen. Es ist im Kontext der Transatlantischen Handelsliberalisierung durchaus angebracht, differenziert und sachorientiert nach optimalen Problemlösungen für viele Lebens- bzw. Wirtschaftsbereiche zu suchen. Europa steht mit TTIP vor einer historischen Herausforderung. Es kommt in den kommenden Jahren darauf an, diese erfolgreich zu bestehen und dabei die Initiative zu behalten. Das dürfte für die Politik, die zeitweise in der Transatlantischen Bankenkrise und in der Euro-Krise in Deutschland bzw. vielen EU-Ländern an die Grenze der Belastung kam, nicht einfach sein. Politische Klugheit und sinnvolle Führung sowie ein klarer und transparenter Dialog in der Öffentlichkeit in Sachen TTIP sind gefordert. Viele Fakten zu TTIP sind in der Öffentlichkeit bislang kaum bekannt.

Es wäre verdienstvoll, wenn die Deutsche Bundesregierung und Regierungen anderer EU-Länder sowie die Europäische Kommission das Thema ILO-Kernarbeitsstandards als Teil der TTIP-Herausforderungen aufnehmen und aktiv in die Verhandlungen mit den USA einbringen. In der Tat ist davon auszugehen, dass TTIP Druck hin auf eine Abschwächung der ILO-Arbeitsstandards mit sich bringen wird, denn Verliererländer im verschärften transatlantischen Standort-Wettbewerb werden einen Anreiz haben, ihre nationalen Standards abzuschwächen, um dann doch noch Direktinvestitionen in hinreichendem Maß anziehen zu können. Hier wäre es wichtig, dass die ILO-Standards auf EU-Ebene verankert werden; im Fall der Bildung einer Euro-Politikunion also auf Brüsseler Politikebene. Zugleich sollten die EU-Länder gegenüber den USA Druck aufbauen, um auch im reichsten OECD-Land die Umsetzung von ILO-Arbeitsstandards zu garantieren. Hier könnte der Westen am Ende mit einer gemeinsamen Aktion ein sehr wichtiges Signal auch für andere Weltregionen setzen – u.a. auch für Asien bzw. China. Viele Regierungen in Asien beobachten genau, wie sich die EU und die USA in diesem Feld der ILO-Arbeitsstandards einigen werden.

Bei der Durchsetzung von ILO-Standards geht es natürlich zunächst um Mindeststandards. Diese werden in Deutschland und den meisten EU-Ländern deutlich übererfüllt und von Seiten der Arbeitnehmer besteht ein Interesse daran, die in Verhandlungen erreichten hohen europäischen Standards zu verteidigen; dies gilt im Übrigen auch in den Euro-Krisenländern, wo die Arbeitnehmerseite im Zuge der Wirtschaftskrise stark unter Anpassungsdruck kam. Ein positiver Aspekt aus europäischer Seite könnte sein, dass etwa die zunehmende Präsenz erfolgreicher Direktinvestoren aus Deutschland in den USA eine Erhöhung der Arbeits- und Sozialstandards zumindest in Teilen der US-Industrie erleichtert (z.B. Automobilindustrie und Chemie

Folgt man einem neueren Bericht zu den Verhandlungen zwischen den EU und den USA (LUDWIG, 2013), dann ist vorgesehen, dass Regulierungen transatlantisch künftig stärker miteinander abgestimmt werden sollen: Die beiden Seiten sollen einander regelmäßig über die Hauptelemente aller regulatorischen oder gesetzgeberischen Initiativen mit potenziellen Auswirkungen auf den Handel in der Planungsphase informieren. Über eine solche Regelung könnten US-Konzerne ein breites Mitspracherecht bei der EU-Gesetzgebung erhalten, es ergeben sich kritische Fragen mit Blick auf die Rolle bzw. demokratische Autonomie der Parlamente. Das ist aus Sicht der Bürgerinnen und Bürger vermutlich ein besonders kritischer Punkt auch bei Umweltfragen. Richtig ist allerdings, dass eine breitere Diskussion über Regulierungsgrundsätze transatlantisch auf der Ebene von Wissenschaft, Wirtschaft und Wirtschaftspolitik geführt werden sollte. Zudem ist mehr Transparenz über Verfahren auf beiden Seiten wünschenswert.

Es ist im Interesse der US und der EU bzw. Deutschlands, dass die Möglichkeiten zur besseren Nutzung von Skalenvorteilen und zum Abbau von Bürokratie- und Regulierungskosten sinnvoll genutzt werden. Zugleich ist aber darauf zu achten, dass ein Investitionsschutzabkommen nicht zum Einfallstor für ungerechtfertigte Forderungen oder Blockaden von Großunternehmen werden. Das Verfahren zur Streitschlichtung zwischen Investoren und Staaten (ISDS) ist hier ein kritischer Punkt, da ein Schiedsgericht neuer Art eingeführt werden soll. Investitionsschutzabkommen, die ursprünglich von Industrieländern gegenüber Entwicklungsländern mit wenig gefestigter Rechtskultur durchgesetzt wurden, sollten eigentlich unter OECD-Ländern keine wesentliche Rolle spielen. Ein transatlantisches Investitionsschutzabkommen droht zum Ausgangspunkt für zusätzliche juristische Auseinandersetzungen zu werden, wobei US-Branchen für solche von ihrer US-Ausgangslage her tendenziell besser positioniert sind als

EU-Firmen bzw. Branchen in der EU. Große Schadensersatzforderungen, die bei einem unzureichend formulierten Investitionsschutzabkommen von US-Firmen in der EU durchgesetzt werden könnten, liefen auf eine einseitige Umverteilung der potenziellen Vorteile von TTIP zugunsten der USA hinaus. Es ist bereits vorgekommen (SCHIESSL, 2014), dass internationale Investitionsschutzabkommen zu Schadensersatzklagen geführt haben: Als in Kanada die Provinz Québec entschied, das teilweise kritisch gesehene Fracking als Methode zur Ölförderung zu untersagen, erging eine Klage von einem US-Unternehmen, das 250 Mio. Dollar Schadensersatz verlangte und in Deutschland hat der Energiekonzern Vattenfall auf Basis der Energiecharta gegen die Energiewende Klage eingereicht und eine Entschädigung von 3,7 Mrd. € gefordert.

Das Transatlantische Freihandelsprojekt enthält viele Chancen gerade für Deutschland bzw. die EU. Aus deutscher Sicht sollte man nicht vergessen, dass nicht alle EU-Länder bzw. Euro-Länder automatisch Gewinner eines transatlantischen Freihandelsabkommens wären. Es kann durchaus geschehen, dass bei einem transatlantischen Freihandelsabkommen die Einkommensunterschiede in der EU vorübergehend zwischen den EU-Ländern zunehmen. Hier gibt es einen dreifachen wirtschaftspolitischen Handlungsbedarf:

- Auf Seiten der Europäischen Kommission ist zu überlegen, welche angebotsseitigen Modernisierungsimpulse für EU-Länder mit geringem Einkommen gegeben werden könnten; hier ist z.B. an Fördermaßnahmen für bessere Bildung bzw. Ausbildung und mehr Innovationen zu denken.

- Das Europe 2020 Programm der EU sollte man sinnvoll um ein Innovationsförderprogramm ergänzen, das u.a. auch die bessere Bereitstellung von Risikokapital umfassen sollte. Mehr technologieorientierte Unternehmensneugründungen dürften für viele EU-Länder ein wesentlicher Beitrag zu Modernisierung und zur Schaffung neuer Arbeitsplätze sein.

- Bei den Regierungen der EU-Mitgliedsländer sind nationale und regionale Modernisierungsprogramme zu erwägen, die den Unternehmen marktkonform und sinnvoll helfen, in der verschärften transatlantischen Konkurrenz zu bestehen. Erwägenswert sind nicht nur neue Initiativen etwa im Bereich der IKT-Politik bzw. der Innovations- und Wachstumspolitik. Vielmehr wären Bund und Länder gut beraten, sich im Zuge einer absehbar verschärften Standortkonkurrenz im Wirtschaftsraum USAEU mit ausgewählten Maßnahmen gut zu positionieren. Da im Zuge des wachsenden Außenhandels sicherlich auch mit einer Steigerung der internationalen Verkehrsströme – auch innerhalb Europas im Kontext von mehr internationalem Outsourcing und Offshoring – zu rechnen ist, sind gerade auch durchdachte Projekte für die Infrastrukturmodernisierung zu fordern. Seitens der Bundesländer wie des Bundes ist auch zu prüfen, ob man mit gezielten Cluster-Förderprogrammen innovationsstarke Sektoren sinnvoll stimulieren kann. Angesichts der Dimension des transatlantischen gemeinsamen Marktes sind auch grenzübergreifende Cluster bzw. von mehreren EU-Ländern gemeinsam geförderte regionale Cluster denkbar. Insgesamt ist von einem erheblichen Innovations- und Anpassungsbedarf auszugehen, und zwar über einen längeren Zeitraum.

- Zu den Problemen für Teile der Arbeitnehmerschaft könnte ein beschleunigter Strukturwandel werden; wie man Modernisierungsverlierer im marktwirtschaftlichen und gesellschaftlichen Expansionsprozess mitnehmen kann, ist zu überlegen, wobei insbesondere Initiativen für Bildung und Weiterbildung erwägenswert sind. Während qualifizierte Arbeitnehmer sich auf eine verbesserte Positionierung im Arbeitsmarkt einstellen können, dürften sich die Beschäftigungsaussichten von Ungelernten verbessern (die ifo-Behauptung, dass die Löhn von Ungelernten stärker steigen werden als die von Qualifizierten, erscheint aus der hier entwickelten Analyse als Verdrehung der relevanten Effekte; nur für den Fall, dass durch TTIP die deutsche Volkswirtschaft nahe an Vollbeschäftigung käme, wird man mit deutlichen Lohnsteigerungen von Ungelernten rechnen können).

- Deutschland bzw. die EU als international verantwortlicher Akteur wird ein natürliches Interesse haben, die Handelsumlenkungseffekte gering zu halten bzw. sicher zustellen, dass TTIP letztlich auch zum Nutzen für den Rest der Welt, also die Weltwirtschaft insgesamt ist. Während Länder wie Korea und Mexiko, die beide Freihandelsabkommen mit den USA und der EU haben – ab 2014 zudem Kanada, das in 2013 ein Freihandelsabkommen mit der EU abschloss – quasi automatisch profitieren, ist das bei anderen Drittländern nicht der Fall. Vermutlich wird es bald zu einem Freihandelsabkommen der EU mit Japan kommen und das Pacific-Partnership-Abkommen der USA wird nach Inkrafttreten dann sowohl für Japan wie für einige asiatische Staaten einen verbesserten Marktzugang zum transatlantischen Markt bringen. Es wäre aber eigentlich auch Aufgabe der EU, z.B. in einem Freihandelsabkommen mit den ASEAN-Ländern und mit dem MERCOSUR bzw. den Mercosur-Ländern große interregionale Freihandelsabkommen auf den Weg zu bringen; das wird dann wiederum die USA unter Druck setzen, auch Freihandelsabkommen mit den entsprechenden Ländern zu schließen. Zudem bleibt auch die Aufgabe, im Rahmen weiterer WTO-Verhandlungsfortschritte nachhaltigen globalen Freihandel zu erreichen; immerhin konnte die WTO mit einem Abkommen zur technischen

Handelsliberalisierung in 2013 einen Teilerfolg erzielen bzw. ihre Handlungsfähigkeit als Welthandelsorganisation unter Beweis stellen.

In jedem Fall sollte man bedenken, dass ein transatlantischer integrierter Markt ein Mehr an Wettbewerbsintensität für alle handelsfähigen Güter mit sich bringen wird. Von daher ist einerseits über eine bessere transatlantische Zusammenarbeit im Bereich der Wettbewerbs- bzw. Regulierungspolitik nachzudenken; hier könnten sich im Kontext der Herausbildung neuer Großunternehmen im transatlantischen Markt ökonomisch relevante – oder auch politisch brisante – Marktmachtprobleme ergeben. Es wäre etwa mit Blick auf die Telekommunikationsmärkte in der Tat auch an eine verstärkte transatlantische Regulierungskooperation zu denken. Ein gewisses politisches Problem könnte allerdings bei Herausbildung einer gemeinschaftlichen Institution entstehen, nämlich das der demokratischen Kontrolle; diese Problematik ließe sich grundsätzlich dadurch lösen, dass man auf US-Ebene und auf EU-Ebene politisch verantwortliche Institutionen hat, für deren Arbeit man gemeinsame Grundsätze transatlantisch festlegen könnte – das wäre auch die Basis der transatlantischen Kooperation. Andererseits kommt der Erhöhung der internationalen Wettbewerbsfähigkeit bzw. einer Stärkung der Innovationsfähigkeit aller EU-Länder große Bedeutung zu. Damit sind einige Punkte der Lissabon-Agenda angesprochen, die ja die Erhöhung der Wettbewerbs- bzw. Innovationsfähigkeit betont hatte, aber gerade in den Kohäsionsländern – mit Ausnahme Irlands – nur überschaubare Fortschritte vermelden konnte. Die Europa 2020-Agenda, die eine Art erneuerter Lissabon-Agenda 2010 mit angeschlossenen Eckpunkten für mehr Nachhaltigkeit darstellt, erscheint hier zu wenig fokussiert. Tatsächlich kommt der Modernisierung der Innovationssysteme in der EU bzw. in den EU-Ländern eine große Bedeutung zu. Hier sind institutionelle Modernisierungen in vielen Ländern ebenso unerlässlich wie eine verbesserte Innovationspolitik, die in Schlüsselfeldern auch größere Budgets mobilisieren müsste.

Angesichts des in der Eurozone bzw. des in der EU seit der Eurokrise und der Transatlantischen Bankenkrise herrschenden Konsolidierungsdrucks werden höhere Ausgaben für staatliche Forschungsförderung nicht ohne weiteres in allen EU-Ländern zu realisieren sein. Das muss aus ökonomischer Sicht dann als Problem gesehen gelten, wenn es nur unzureichend gelingt, positive externe Effekte privater Innovationsprojekte zu internalisieren: Der Umfang an Innovationstätigkeiten bliebe dann suboptimal. Während höhere Forschungssubventionen durchaus in vielen Ländern als vertretbar erscheinen, kann von steigenden Erhaltungssubventionen nur abgeraten werden. Es kann im Kontext eines verschärften Wettbewerbes zu einem verschärften Subventionswettlauf innerhalb der EU und zwischen den EU und den USA kommen; das hätte negative Wohlfahrtseffekte zur Folge. Es steht nach einer im Kontext der Eurozone gesteigerten Rolle der EU-Mitgliedsländer bzw. einer Schwächung der Europäischen Kommission zu befürchten, dass letztere mittelfristig in ihrer Begrenzerrolle nationaler Erhaltungssubventionen geschwächt wird. Eine Unterminierung der Beihilfenaufsicht der Europäischen Kommission wäre gegen die ökonomische Vernunft und gegen die Interessen der Steuerzahlerinnen und Steuerzahler gerichtet. Hier liegt es gerade auch an Deutschland, sich für vernünftige Ordnungspolitik einzusetzen.

Gelegentlich wird man Deutschland vorwerfen, dass die eigene wirtschaftspolitische Orientierung sich leicht im Windschatten hoher Außenhandelsüberschüsse formulieren lasse. Dabei gilt es nun einerseits zu bedenken, dass anhaltend hohe Leistungsbilanzüberschüsse zwar durchaus auch als problematisch gelten könnten. Aber andererseits ist in der Eurozone die relevante Bezugsgröße ohnehin nicht ein nationaler Leistungsbilanzüberschuss, sondern die Leistungsbilanzposition der Eurozone. Diese aber steht nicht für hohe strukturelle Überschussquoten. Die Bundesrepublik Deutschland ist dank ihrer vielen global im Export erfolgreichen Firmen auch eine Lokomotive für die Expansion von EU-Partnerländern, soweit von diesen hohe bzw. im Zeitablauf steigende Vorleistungen bezogen werden. Das entbindet Deutschlands Regierung sicherlich nicht von der Pflicht darauf zu achten, dass die Wachstumskräfte in EU-Ländern nachhaltig gestärkt werden. Es ist insbesondere nicht im Interesse Deutschlands, dass ökonomische Divergenzen bzw. steigende Pro-Kopf-Unterschiede in der EU im Zeitablauf entstehen. Denn erstens erschwert dies die europäische Konsensfindung, soweit man davon ausgehen muss, dass die politischen Präferenzen von Ländern mit ähnlich hohen Pro-Kopf-Einkommen ähnlicher zueinander sind als bei Ländern mit großen Unterschieden im Pro-Kopf-Einkommen. Zweitens erfordern steigende ökonomische Intra-EU-Divergenzen steigende Umverteilungsaktivitäten innerhalb der Europäischen Union. Wünschenswert sind aber marktgetriebene bzw. im Einzelfall auch durch politische Maßnahmen unterstützte Aufhol- und Konvergenzprozesse in der EU. In den 90er Jahren und in den ersten Jahren des 21. Jahrhunderts hat es hier durchaus Erfolge zu verzeichnen gegeben. Unerlässlich für Aufholprozesse sind vernünftige Weichenstellungen der nationalen Wirtschaftspolitik. Das schließt natürlich nicht aus, dass über die EU-Struktur- und die EU-Regionalfonds auch Hilfen für nachhaltige Aufholprozesse in einzelnen Regionen bzw. bei EU-Mitgliedsländern gewährt werden.

Ein weiterer kritischer Punkt betrifft Umweltfragen. Gerade da sich positive Wachstumseffekte und erhöhter transatlantischer Handel absehen lassen, ist es wichtig, auf eine vernünftige Umweltbilanz mit zu achten. Hier gilt es, sinnvolle Anreize zu setzen. Erwägenswert wäre z.B., dass börsennotierte Unternehmen auf beiden Seiten des Atlantiks mehr Informationen zu Ressourceneffizienz und zur Emissionsintensität machen müssen: Durch staatliche Mindestinformationsvorgaben in diesen Bereichen werden die Kräfte des Wettbewerbs in positiver

Weise für eine Verbesserung der Umweltqualität auf beiden Seiten des Atlantiks mobilisiert. Allerdings gibt es in einigen Politikbereichen auch einen Vereinfachungsbedarf, wenn man nämlich z.b. an die vielen Umwelt-Labels denkt, deren Vielfalt in einem transatlantischen integrierten Markt noch weiter steigen dürfte – mehr Standardisierung ist hier auch im Interesse von mehr Transparenz bzw. letztlich mit Blick auf den Verbraucherschutz zu fordern. Auch sind transatlantische Kooperationsprojekte im Bereich der „grünen Innovationsförderung" zu erwägen. Soweit im Zuge eines transatlantisch integrierten Marktes mehr große multinationale Unternehmen entstehen, wäre es sinnvoll, gegen das naturgemäß erhebliche Lobby-Gewicht von Großunternehmen zunächst eine Verbreiterung der Informationen für die Bürgerinnen und Bürger breiter zu verankern und die Wettbewerbspolitik auf beiden Seiten des Atlantiks zu stärken. Da der Wettbewerb auf den Gütermärkten sich intensiviert, sind allerdings auch zahlreiche Produktinnovationen und ein Mehr an differenzierten Produkten zu erwarten, die zu einer Nutzensteigerung für die Kunden führen.

Ein positives Szenario

Ein denkbares Szenario zum Start einer Transatlantischen Handelsliberalisierung kann man vereinfachend wie folgt skizzieren: Der Abbau der Zollsätze und zumindest eines Teils der nichttarifären Handelshemmnisse erhöht den transatlantischen Handel und stimuliert das Wirtschaftswachstum in Deutschland bzw. der EU und den USA. Zugleich verstärkt sich der Außenhandel innerhalb der EU; unter anderem deshalb, weil Unternehmen aus Deutschland Vorleistungen verstärkt aus EU-Partnerländern beziehen. Dort steigt das Realeinkommen, was Deutschlands Exporte zusätzlich stimuliert.

In Nordamerika werden US-Unternehmen verstärkt Vorleistungen aus Mexiko und den USA – sowie anderen Ländern – beziehen, so dass das Realeinkommen in der nordamerikanischen Freihandelszone ansteigt. Die Beschäftigung in Deutschland bzw. der EU und den USA steigt an, zudem auch das Steueraufkommen. Direktinvestitionen deutscher Unternehmen in den Sektoren Chemie, Informations- und Kommunikationstechnologie, Automobil und Pharmazie steigen in den USA sowie in Kanada und Mexiko an, US-Direktinvestitionen in denselben Sektoren erhöhen sich in Deutschland bzw. der EU. Mit den Direktinvestitionen verbundene Technologietransfers erhöhen die Produktion von der Angebotsseite sowohl in den USA als auch in Europa, was die Importe aus dem Rest der Welt erhöht und dort zu einer Realeinkommenserhöhung führt. Die Beschäftigung steigt dann weltweit. Die Transpazifischen Handelsliberalisierungsgespräche könnten zudem zu einem positiven Abschluss geführt werden, während zugleich die EU mit einigen asiatischen Ländern Freihandelsabkommen schließen – hier gibt es Perspektiven für eine weitere globale Einkommenserhöhung. Der Paradesektor der deutschen Exportwirtschaft, der Maschinenbau, profitiert in besonderer Weise vom Realeinkommensanstieg in der EU, Nordamerika und Asien, so dass das Wirtschaftswachstum in Deutschland dann auch stärker steigt als in der Mehrheit der EU-Länder. Nicht auszuschließen ist dabei, dass die starken Wachstumsimpulse für Nordamerika, Europa und Asien dann auch besondere Expansionsimpulse für den Finanzsektor bzw. Großbritannien mit sich bringt. Hier besteht die Gefahr einer neuerlichen Blase auf den Finanzmärkten, aber angemessene Regulierungen auf globaler, europäischer und nationaler Ebene sollten diese Risiken zu begrenzen helfen. Über rund ein Jahrfünft gerechnet könnte das Realeinkommen in der EU bzw. Deutschland und den USA um etwa ¼ Prozentpunkt höher ausfallen als ohne Transatlantische Handelsliberalisierung. Ein solches Wachstumsplus in Europa und den USA wird nicht nur mehr Jobs schaffen, sondern auch bei der Rückführung hoher Schuldenquoten in den westlichen OECD-Ländern helfen. Die Rückführung der Schuldenquoten in Europa und den USA wird wiederum die realen Zinserwartungen dämpfen, die Risikoprämien in den westlichen OECD-Ländern gehen zurück; die Investitionsquote steigt für einige Jahre auf beiden Seiten des Atlantiks an. Dieser Effekt wird noch dadurch verstärkt, dass über einige Jahre verstärkt Direktinvestitionen aus Drittländern in die EU und in die USA bzw. die NAFTA-Länder fließen. Die Aktienkurse werden real ansteigen, positive Vermögenseffekte flankieren die ökonomischen Expansionswirkungen auf beiden Seiten des Atlantiks. Wichtig ist allerdings, dass Geld- und Fiskalpolitik neue Blasen auf den Finanzmärkten bzw. den Immobilienmärkten verhindern. Im Übrigen wird ein mehrjähriger Rückgang der Arbeitslosenquote in Deutschland und einigen anderen westlichen EU-Ländern zu erheblicher Zuwanderung aus Osteuropa und anderen Ländern führen, was positive Expansionseffekte für das Bruttoinlandsprodukt bedeutet. Deutschland könnte hier in besonderer Weise profitieren, jährliche Zuwandererzahlen von netto 200 000 bis 300 000 sind denkbar (das ist die Größenordnung 2012/2013). Innerhalb einer Dekade könnte die Zuwanderung für Deutschland mehr als 2,5 Millionen betragen.

Man wird nicht ausschließen können, dass die ökonomischen Vorteile sich asymmetrisch auf beiden Seiten des Atlantiks verteilen. Zudem ist auch denkbar, dass in einigen EU-Ländern die ILO-Arbeitsstandards zeitweise geschwächt werden – nämlich in den EU-Ländern, die Verlierer im intensivierten Gütermarktwettbewerb und beim verschärften transatlantischen bzw. globalen Standortwettbewerb sind. Umso wichtiger ist es, dass die Standortpolitik aller EU-Länder gestärkt werden; vor allem Länder mit traditionell geringen Direktinvestitionszuflüssen relativ zum Bruttoinlandsprodukt sollten u.a. von der Europäischen Kommission ermutigt werden, ihre Wettbewerbsfähigkeit beim Werben um mobiles Realkapital zu stärken. Das bedeutet allerdings nicht notwendigerweise, dass man die Körperschaftssteuersätze in sehr niedrige Größenordnungen abdriften lässt.

Eine Expansion um weniger als ½ Prozentpunkt beim realen Bruttoinlandsprodukt im ersten Jahrzehnt ist im Kontext einer umfassenden TTIP-Liberalisierung unwahrscheinlich. Eher schon kann man – sinnvolle und rechtzeitige nationale Politikreformen vorausgesetzt – mit mindestens 1% bzw. gut 130 Mrd. € in der ersten Dekade nach der transatlantischen Handelsliberalisierung in der EU rechnen, wobei auf Deutschland 35-45 Mrd. € entfallen könnten. Pro Kopf sind das etwa 500 €, pro Haushalt etwa 1500 €.

Diese positiven Perspektiven zu TTIP könnten erheblich gestört werden, wenn es in den Finanzmärkten in den USA oder Europa zu neuen Instabilitäten kommt. Die EU und die USA sowie die G20 sind sicherlich gut beraten, die Regulierung der Finanzmärkte energisch weiterzuführen und nicht – wie man 2013 zeitweise erkennen konnte – bei der Finanzmarktreform zurückzustecken. Ob es allerdings gelingen wird, insbesondere die Hedge Fonds endlich Regulierungen zu unterwerfen, etwa auch einer transatlantischen Mindestregulierung, bleibt abzuwarten.

Eine besondere Herausforderung für die USA und die EU-Länder dürfte im Kontext eines verschärften transatlantischen Standortwettbewerbs auf Seiten der Steuerpolitik entstehen: Die Regierungen wären gut beraten, bei der Steuerpolitik zusammenzuarbeiten; breitere Steuerschlupflöcher etwa für multinationale Unternehmen gilt es zu vermeiden.

TTIP wird wohl nicht von selbst eine für alle Gesellschaftsschichten positive Entwicklung herbeiführen. Es bedarf besonderer Anstrengungen der Wirtschaftspolitik, um im Fall von Problemen und Konflikten sinnvolle Lösungen zu entwickeln. Die Tarifvertragsparteien wären gut beraten, die Themenbereiche Weiterbildung und Innovation verstärkt in den Fokus zu nehmen. Ein Problem kann sich allerdings endogen im Anpassungsprozess ergeben: Wenn sich die durchschnittliche Beschäftigungsdauer in Deutschland und anderen EU-Ländern weiter vermindern sollte, dann sinkt für die Unternehmen bzw. die Unternehmerinnen und Unternehmer der Anreiz, in die Weiterbildung der Mitarbeiterschaft zu investieren – denn man wird ja dann verstärkt befürchten, dass die Weiterbildungsinvestitionen der Konkurrenz zugute kommen. Auch unter diesem Aspekt kann man nicht für eine beliebige Flexibilisierung von Arbeitsmärkten bzw. Arbeitsverhältnisse eintreten. Hier wird ohnehin ein Spannungsmoment in einem transatlantischen integrierten Binnenmarkt liegen, da die hohe Flexibilität der US-Arbeitsmärkte mit Blick auf die EU-Länder Druck erzeugen dürfte, hier die Flexibilität weiter zu erhöhen. Während man durchdachte einzelne Flexibilitätsmaßnahmen in der Wirtschaft durchaus erwägen mag, gilt es einer ungebremsten Flexibilisierung kritisch zu begegnen, zumal auch der Globalisierungsdruck schon in vielen Sektoren zu immer weiter steigender Flexibilität beigetragen hat. Die Menschen brauchen auch in der modernen Gesellschaft des 21. Jahrhunderts eine hinreichende Stabilität in Wirtschaft und Gesellschaft – die institutionellen Rahmenbedingungen sollten letztlich den Zielen der Menschen dienlich sein.

Sektoral am ehesten positiv sind für Deutschland die Aussichten im Maschinenbau und in der Automobilindustrie; es ist mit Ausnahme von Elektrofahrzeugen nicht zu erkennen, dass die US-Automobilindustrie ein dominanter Rivale der deutschen Automobilwirtschaft wird – hier sind eher führende Unternehmen aus Japan und Korea einerseits und längerfristig auch aus China (mit seinem gewaltigen Inlandsmarkt als Expansionsbasis) zu erwarten. Ein kritischer Sektor aus deutscher Sicht könnte der Sektor der Informations- und Kommunikationstechnologie werden, der für Strukturwandel, Innovationsdynamik und Produktivitätswachstum von besonderer Bedeutung ist; US-Firmen dominieren diesen Sektor seit Jahrzehnten, in der EU gibt es nur wenige international führende IKT-Firmen und die europäische bzw. deutsche Gründerdynamik im IKT-Sektor ist nicht überragend. Hier fehlt es u.a. auf Seiten der EU an einem konsistenten digitalen Innovationsprogramm. Auch Fragen der Sicherheit des Internets sollte man seitens der EU verstärkt auf die Agenda setzen; das Internet wird immer weitere Wirtschafts- und Lebensbereiche durchdringen, aber solange etwa beim Verkauf von Computern jedweder Art nicht automatisch auch ein Virenschutz-Programm obligatorisch ist, lässt der Staat große Sicherheitsrisiken im Netz quasi schon beim PC-Verkauf zu. Die negativen externen Effekte, die von Internetakteuren ohne ausreichenden Virenschutz in einer zunehmend transatlantisch und global vernetzten Gesellschaft, sind in der Regel sehr hoch. Hier ist auch eine verstärkte internationale Politikkooperation anzuraten. TTIP wird sicherlich ein Mehr an digitaler transatlantischer Vernetzung bringen und damit steigt unmittelbar die Bedeutung der Internetsicherheit – gerade auch für ein technologisch führendes Land wie die Bundesrepublik Deutschland. Es wäre Aufgabe weiterführender Studien etwa zu Fragen der Direktinvestitionsdynamik, den absehbaren Anpassungsprozess genauer auszuleuchten.

Mit Blick auf das politisch und ökonomisch sensible Thema der Energiewende wird man gut daran tun, die schon erheblichen transatlantischen Strompreisunterschiede nicht weiter anwachsen zu lassen. Insgesamt gibt es für Deutschland durchaus Anlass zu Optimismus, dass das historische TTIP-Projekt mittelfristig erhebliche Nutzen- und Einkommenszuwächse erzeugt. Mit TTIP treffen zwei Typen von Sozialen Marktwirtschaften aufeinander – die USA sind nach der Obama-Gesundheitsreform ordnungspolitisch etwas näher an Europa gerückt. Es liegt an den Tarifvertragspartnern und der Wirtschaftspolitik, die Herausforderungen erfolgreich zu bewältigen. Die EU-Länder werden ein Interesse daran haben, dass sich in der globalen Systemkonkurrenz die Soziale Marktwirtschaft europäischen Typs in der Konkurrenz mit dem US-Ansatz einer relativ freien Marktwirtschaft nachhaltig behauptet.

Soweit der verschärfte Wettbewerb zu einer intensivierten transatlantischen Innovationskonkurrenz führt – dies steht zu erwarten –, dürften die USA besondere Vorteile realisieren. Das US-Innovationssystem (inklusive Universitäten und innovationsstarke multinationale Unternehmen) ist deutlich stärker aufgestellt als das EU-Innovationssystem bzw. die Innovationssysteme der EU-Länder. Wenn man die Unternehmensgründerdynamik transatlantisch vergleicht oder auch die Patentdynamik der USA und der EU, so haben die USA einen deutlichen Vorsprung. Es ist bei den EU-Ländern bzw. bei der EU nur wenig an Initiativen zu erkennen, die auf ein Schließen der transatlantischen Innovationslücke hinwirken könnten. Europa 2020 ist ein Programm, das im Kern nur eine Verlängerung des vorhergehenden Programms Lissabon-Agenda 2010 ist, das nur teilweise erfolgreich war; man mag bei Europa 2020 den zusätzlichen Fokus auf Umweltinnovationen begrüßen, aber es bleibt aus der Lissabon-Agenda 2010 auch eine Ausführungslücke im Bereich der Informations- und Kommunikationstechnologie. In der EU fehlt eine Marktkonsolidierung im IKT-Sektor und die Förderung der Innovationsdynamik im IKT-Sektor ist in der Europäischen Union bislang eher unzureichend. Die IKT-Innovationsdynamik dürfte auch unter der neuen Überschrift Cross Innovation eine große Bedeutung auf mittlere Sicht behalten: D.h. dass Innovationselemente aus dem IKT-Sektor und etwa dem Automobilsektor oder aus dem IKT-Sektor und etwa dem Maschinenbau in ihrer Verbindung besonders wichtige Wachstumstreiber werden dürften. Es ist zudem kaum absehbar, dass Ineffizienzen im Universitäts- bzw. Hochschulsektor verschiedener EU-Länder, durch umfassende Reformprogramme angegangen werden. Chancengleichheit, Effizienz und Innovationsdynamik könnten als wesentlicher zielmäßiger Dreiklang des Hochschulbereiches gelten. Im Rahmen der offenen Koordinierung könnte man seitens der EU-Länder ein verstärktes Benchmarking einführen und damit versuchen, Best-practice-Lösungen aus anderen Ländern jeweils aufzunehmen.

Es besteht in Europa kein Anlass, skeptisch in Sachen TTIP zu sein. Eine sorgfältige Verhandlungsführung ist allerdings im europäischen Interesse anzumahnen. Vor allem sollte man auch im Bereich des Investitionsschutzabkommens sorgfältig die EU-Interessen verteidigen. Unternehmerische Expansionschancen könnten durch TTIP auf beiden Seiten des Atlantiks begünstigt werden, wobei eine faire Verteilung der Einkommensgewinne zwischen den Produktionsfaktoren Arbeit und Kapital als wünschenswert erscheint.

Es könnte sich im Kontext mit der transatlantischen Freihandelszone im Übrigen eine Frage verstärkt stellen, die auch schon während der Euro-Krise eine Rolle spielte (WELFENS, 2012): Es wird sich die Frage ergeben, ob nicht Schritte hin zu einer verstärkten EU-Integration bzw. zu einer Euro-Politikunion erforderlich bzw. sinnvoll sind. Die EU wird gegenüber den USA kaum ihre Interessen transatlantisch und global durchsetzen können, wenn die EU bzw. die Eurozone nicht eine handlungsfähige und wirtschaftlich stabile bzw. prosperierende Institution darstellt. Die EU wird sich in der zweiten Dekade des 21. Jahrhunderts schwierigen Entscheidungen stellen müssen. Die Verhandlungen zu TTIP sollten als positive Herausforderung und Chance für Europa und die transatlantischen Beziehungen angenommen werden. Wenn Firmen aus EU-Ländern in den USA verstärkt investieren, so könnten auch institutionelle Wandlungs- bzw. Modernisierungsimpulse von Europa auf die USA wirken. Es ist keineswegs ausgeschlossen, dass etwa Elemente des deutschen Wirtschaftssystems auch auf die USA einwirken. Die Tarifverbände werden sich jedenfalls auch einem transatlantischen intellektuellen Wettbewerb verstärkt stellen müssen, bei dem es europäische Ansätze und Ideen mit Blick auf Nordamerika zu befördern gilt.

Die Europäische Kommission bzw. eine künftige Euro-Regierung sollten ihren Hauptfokus viel stärker als früher auf länderübergreifende öffentliche Investitionsprojekte legen, wobei hier von einer erhöhten EU-Ausgabenquote bzw. einer wünschenswerten Staatsverbrauchsquote von 5-6% in Brüssel ausgegangen wird – sowie einer Finanzierung der Arbeitslosengeldzahlungen in allen Euro-Mitgliedsländern in den ersten sechs Monaten der Arbeitslosigkeit. Mit der Verschiebung von wesentlichen Infrastrukturausgaben sowie den meisten Verteidigungsausgaben nach Brüssel gäbe es einen Ansatzpunkt, um eine euroweite zentrale Konjunkturpolitik zu betreiben. Dies wäre ein Ansatzpunkt, um einen besseren bzw. konsistenteren Politik-Mix – eine sinnvolle effektive Verbindung von Geld- und Fiskalpolitik – in der Eurozone zu erreichen. Das wäre in der Tat auch wichtig im Kontext der transatlantischen Freihandelszone, die eine Erhöhung der Importquote der EU bzw. der Eurozone mit sich bringen wird. Eine erhöhte Importquote vermindert den Fiskalmultiplikator, so dass es umso wichtiger wird, die Effektivität der Geld- und Fiskalpolitik bzw. der Stabilitätspolitik in Europa durch geeignete Maßnahmen zu stärken. Im Gegenzug sollte man seitens der Brüsseler Wirtschaftspolitik erwarten, dass sie nicht mehr – wie oft in den vergangenen Jahren – sich in unnötige Regulierungsprojekte hinein begibt (2013 sorgte etwa ein Kommissions-Regulierungsversuch zu Ölkännchen auf Restauranttischen für Verwunderung bzw. nährte als Nachrichtenthema in der Presse die z.T. populäre Anti-EU-Kritik in verschiedenen EU-Ländern). Die Rolle der EU könnte gerade im Kontext des transatlantischen Freihandelsabkommens gestärkt werden; dabei ist auch an eigenständige EU-Sozialpolitik in begrenztem Maß zu denken (WELFENS, 2014). Die Europäische Union als wirklich handlungsfähiger Akteur bzw. eine Euro-Politikunion könnte für die USA ein ebenbürtiger Partner sein und nur die Brüsseler Politikebene hat langfristige realistische Chancen, den Prozess der Globalisierung wirkungsvoll zu gestalten. Im Übrigen wäre es wünschenswert, dass die EU-Regionalpolitik in ihrer Effizienz gesteigert wird; denn es zeigt sich, dass institutionelle Stabilität bzw. Entwicklung und ausreichende Humankapitalbildung als gute Voraussetzungen von Empfängerregionen gelten, um EU-Gelder mit ökonomischer Expansionswirkung umzusetzen (BECKER et al., 2010) – das findet man aber nur in etwa der Hälfte der Empfängerregionen.

Man muss sich darüber im Klaren sein, dass eine Euro-Politikunion einen enormen Stabilitätsgewinn bringen könnte, wie man auch aus einem Vergleich mit der Stabilitätspolitik der USA und Kanadas leicht ersehen kann. Dort ist die faktische Umverteilungspolitik zugunsten stark rezessionsgeprägter Regionen durch nationale bzw. föderale Konjunkturpolitik doppelt bis dreimal so stark wie in der Eurozone. ALLARD ET AL. (2013) schätzen, dass ein Schock bzw. Rückgang beim Bruttoinlandsprodukt um 1% in den USA den Konsum um 0,2 % reduziert, in der Eurozone hingegen um 0,6 Prozentpunkte; zugleich weisen die IMF-Autoren darauf hin, dass durch weiche Kreditgewährungen an Krisenländer – etwa die von nationalen Zentralbanken dort gegebene Emergency Liquidity Assistance für Banken – die Euro-Gläubiger- bzw. Leistungsbilanzüberschussländer faktisch Transfers in Höhe von 0,75% bis 1,25% für die Krisenländer geleistet haben. Solche verdeckten Transfers sind möglicherweise vorübergehend vertretbar, aber sie sind unter Anreizaspekten ökonomisch problematisch und politisch mit Prinzipien der Demokratie bzw. der öffentlichen Verantwortung kaum zu vereinbaren. Ein transparentes offenes System einer neuartigen Fiskalunion bzw. einer Euro-Politikunion wäre hier besser.

Scheitern von TTIP?

Wenn TTIP nicht realisiert wird, dürften sich die USA mit großer Energie im zeitlich ursprünglich früheren Liberalisierungsabkommen Trans-Pacific Partnership (TPP) engagieren und damit die Hinwendung zu Asien verstärken, wohin die USA sich auch sicherheitspolitisch seit dem Ende des Kalten Krieges verstärkt gewendet haben. Eine transpazifische Handelsliberalisierung könnten den USA erst längerfristig ähnliche ökonomische Vorteile bringen wie TTIP, da das Expansionspotenzial für intra-industriellen Handel bei TPP mittelfristig als deutlich geringer erscheint als bei einer transatlantischen Freihandelszone.

Die USA dürften bei TPP als ein wirtschaftlich und im Wissenschaftsbereich überlegener Partner auftreten, woraus sich – geschickte US-Diplomatie vorausgesetzt – starke Impulse in vielen asiatischen Ländern ergeben werden, US-Institutionen im Bereich von Wirtschaft und Wissenschaft nachzuahmen. Das US-Modell einer Freien Marktwirtschaft (seit Präsident Obama allerdings mit fast allgemeiner Krankenversicherung) wird im globalen Wettbewerb der Wirtschaftssysteme an Bedeutung gewinnen und möglicherweise auch ein verstärkter Einfluss der USA auf die ASEAN-Integrationsgemeinschaft zu verzeichnen sein.

Die Europäische Union bzw. das Modell der Sozialen Marktwirtschaft wird wohl im Fall eines Scheiterns von TTIP in eine Phase verlangsamten Wachstums eintreten und droht dann im globalen Wettbewerb der Wirtschaftssysteme zurückzufallen. Die USA in Verbindung mit Mexiko und Kanada – in der NAFTA als regionaler Freihandelszone zusammengeschlossen – wird um 2050 ohnehin die EU auch bevölkerungsmäßig überflügelt haben. Die USA haben sich durch die TPP-Initiative einen strategischen Vorteil bei den transatlantischen Verhandlungen gegenüber der EU aufgebaut. Dem könnte die EU nur durch einen konsistenten Liberalisierungsansatz im Handel mit Asien entgegentreten; angesichts der Intra-EU-Probleme bzw. der Eurokrise scheint die EU allerdings zu geschwächt, um eine solche Initiative in überschaubarer Zeit zu starten.

Formal gesehen könnte TTIP auf verschiedene Weise scheitern:

- In den USA: Wenn der Präsident vom Kongress kein sogenanntes Fast-Track-Mandat erhält – 2014 wohl wegen der Senats-Wahlen im November zunächst nicht der Fall –, das nach Verhandlungsabschluss dem Kongress nur eine Ja/Nein-Alternative gibt, wird ein TTIP-Abkommen wohl in den USA keine politische Mehrheit finden.

- In der EU: Der Europäische Rat der Staats- und Regierungschefs oder das Europäische Parlament bzw. nationale Parlamente könnten die Zustimmung verweigern.

- In Deutschland: Wären die Verhändler unklug genug, Wirtschafts- und Politikelemente in TTIP einzubauen, die dem Kulturbereich zuzuordnen sind, so ergäbe sich eine Zuständigkeit des Bundesrates – und dort kann man Probleme in Sachen Mehrheit nicht ausschließen.

Es ist im Interesse Deutschlands bzw. der EU, das TTIP-Projekt auf Basis sorgfältiger Verhandlungen erfolgreich abzuschließen. Die Herausforderungen der nationalen und europäischen Wirtschaftspolitik gilt es energisch aufzunehmen.

Abfolge der Anpassungsprozesse und Forschungsbedarf

Es ist im Fall eines erfolgreichen Abschlusses der Verhandlungen – bei erheblichem Abbau von nichttarifären Handelshemmnissen – zu erwarten, dass sich folgende Anpassungssequenz ergibt:

- Zunächst steigt kurz- und mittelfristig der Außenhandel an, die transatlantischen Direktinvestitionen in beiden Richtungen dürften zeitweise im Wachstum gegenüber den Vorjahren fallen, da Direktinvestitionen wegen der Handelsliberalisierung weniger als früher für das Überspringen der Handelsbarrieren notwendig ist. Die Lohnprämie der qualifizierten Arbeitnehmer könnte zeitweise fallen, sowohl in den USA als auch in Deutschland bzw. der EU, denn die Liberalisierung betrifft ja die beiden größten Wirtschaftsräume der Welt mit relativ hoher Ausstattung an Humankapital.

- Langfristig – nach wenigen Jahren erster Anpassungsdynamik – werden die transatlantischen Direktinvestitionen wieder deutlich wachsen. Denn die verschärfte Innovationskonkurrenz bzw. steigende Innovations- und Patentdynamik auf beiden Seiten des Atlantiks wirkt anziehend auf Direktinvestitionen. Innerhalb der EU könnten sich ähnliche Wirkungen wie beim EU-Binnenmarktprogramm ergeben bzw. eine verstärkte innereuropäische Arbeitsteilung, wobei auch hier Direktinvestitionen eine wichtige Rolle spielen werden. Die Analyse der Direktinvestitions- und Innovationsdynamik ist in den bisher vorliegenden Studien weitgehend ausgeblendet worden. Damit aber wir ein erheblicher Teil der positiven ökonomischen Wirkungen von TTIP nicht erfasst. Im Übrigen wird das Wachstum der Direktinvestitionen bzw. die verschärfte Innovationsdynamik langfristig die Lohnprämie der Qualifizierten wieder erhöhen, da sich die Nachfrage nach qualifizierten Arbeitskräften relativ zur Nachfragen nach Ungelernten deutlich erhöhen wird. Die Fachkräfteknappheit ist von daher als Herausforderung für die Wirtschaftspolitik zu betonen. Ein deutlicher Forschungsbedarf besteht dahin gehend, dass man in gängigen Berechenbaren Gleichgewichtsmodellen die Rolle von Direktinvestitionen mit verankern sollte.

Es bleibt von daher ein erheblicher Forschungsbedarf im Bereich der multinationalen Unternehmen bzw. der Direktinvestitionsdynamik. Die deutsche Automobilindustrie könnte längerfristig den Weltmarkt verstärkt von den USA aus bedienen, wie die Entwicklungsdynamik der deutschen Tochterunternehmen führender deutscher Autohersteller Volkswagen, BMW und Mercedes zeigt, wobei zudem zu bedenken ist, dass Audi in Mexiko produziert. Dieses Land ist mit den USA plus Kanada einerseits über ein Freihandelsabkommen verbunden, aber andererseits auch mit der EU. Die transatlantische Standortkonkurrenz wird durch TTIP zunehmen und von daher sind verstärkte Anpassungen absehbar, auf die allerdings die Wirtschaftspolitik – und die Tarifpolitik – erheblichen Einfluss haben wird. Die verschärfte Standortkonkurrenz ist parallel zum verstärkten intra-industriellen Handel zu erwarten. Soweit man allgemein davon ausgehen kann, dass in diesem Kontext auch eine verstärkte Modernisierung des Kapitalbestandes und ein Anstieg der Kapitalintensität zustande kommen werden, sind sektoral die Anbieter im Maschinenbau auf der Gewinnerseite; hier ist Deutschland positiv spezialisiert – in Europa auch Italien. Allerdings sollte man in einer erweiterten Perspektive beachten, dass der Sektor der Informations- und Kommunikationstechnologie faktisch zum Maschinenbau im weiteren Sinn dazu gehört und hier sind in transatlantischer Perspektive vor allem die USA stark positioniert.

Im Übrigen ist zu bedenken, dass mit langfristig zunehmender grenzüberschreitender Intra-EU-Innovationsdynamik erhebliche Effizienzprobleme in der nationalen Wirtschaftspolitik bzw. bei der Innovationsförderung auftreten dürften: Der Anreiz, für die nationale Wirtschaftspolitik positive externe Effekte bzw. Innovationsübertragungseffekte mit zu berücksichtigen, ist gering, so dass die Innovationsförderung zu gering ausfällt. Von daher sind hier institutionelle Änderungen erwägenswert, was neben verstärkten wissenschaftlichen Analysen zu dieser Thematik – finanziert auf EU-Ebene oder durch einen Koordinations-Analysefonds der EU-Mitgliedsländer – auch eine Verschiebung von Teilen der Innovationsförderung auf die supranationale Ebene bedeuten könnte. Allerdings ist in diesem Kontext wiederum eine Stärkung der Effizienz der EU-Wirtschaftspolitik wünschenswert, was am ehesten in einer EU-/Euro-Politikunion zu erwarten ist. Die institutionelle Ausgangssituation, bei der eine Art großer Koalition des Europäischen Parlamentes als Quasi-Opposition zur Europäischen Kommission auftritt, ist relativ ineffizient; besser wäre ein klares System von Verantwortlichkeiten im Rahmen einer parlamentarischen Demokratie, wobei innerhalb des Europäischen Parlamentes Regierung und Opposition in bewährter Rollenverteilung aktiv sein sollten – zudem wäre auf der Brüsseler Ebene ein Teil der Steuer- und Sozialpolitik zu verankern. Bei einer Verbreitung der Steuerbasis könnten dann auch die Einkommenssteuersätze wachstumsförderlich abgesenkt werden, und zwar ohne dass es unbedingt zu einer Absenkung der Staatsverbrauchsquote in der EU insgesamt kommt (hier sollte man allerdings Ausgabensenkungsoptionen im Rahmen von Effizienzgewinnen prüfen). Zum Thema Euro-/EU-Politikunion gibt es bislang kaum ökonomische Studien, so dass hier ein entsprechender Forschungsbedarf besteht.

Literaturverzeichnis

AKHTAR, S; JONES, V. (2013), Proposed Transatlantic Trade and Investment Partnership (TTIP): In Brief. Congressional Research Service Report for Congress, Washington DC.

ALLARD, C. ET AL. (2013), Toward a Fiscal Union for the Euro Area, IMF Staff Discussion Note SDN 13/09, Washington DC.

BARKER, T.; WORKMAN, G. (2013), The Transatlantic Trade and Investment Partnership: Ambitious but Achievable. A Stakeholder Survey and Three Scenarios. Bertelsmann Foundation.

BECK,S.; SCHERRER, C. (2014), Das transatlantische Handels- und Investitionsabkommen (TTIP) zwischen der EU und den USA, Forschungsbericht, Förderung durch die Hans-Böckler-Stiftung, Kassel.

BECK, S.; MCGUIRE, D.; SCHERRER, C. (2013), Das transatlantische Handels- und Investitionsabkommen (TTIP) zwischen der EU und den USA – Vorläufige Einschätzung der EU-Verhandlungsposition, vorläufiger Beitrag, Universität Kassel (ICDD).

BECKER, S.; EGGER, P.; EHRLICH M. (2010), Going NUTS: The Effects of EU Structural Funds on Regional Performance, Journal of Public Economics, Vol.94, 578-590.

BEHRINGER, J.; KOWALL, N. (2013), Außenhandel der USA – Eine regionale und sektorale Analyse, IMK Report 85, Düsseldorf, Juli 2013.

BIS (2013), Estimating the Economic Impact on the UK of a Transatlantic Trade and Investment Partnership Agreement between the European Union and the United States. Department for Business Innovation and Skills, Basel.

CEPR (2013), Reducing Transatlantic Barriers to Trade and Investment. Study for the European Commission. CEPR Final Project Report.

COE, D.; HELPMAN, E. (1995), International R&D Spillovers, European Economic Review, Elsevier, Vol. 39, 859-887.

DENIS, C.; McMORROW, K.; RÖGER, W. (2006), Globalisation: Trends, Issues and Macro Implications for the EU, DG ECFIN Economic Papers, No. 254, Brussels, European Commission.

ECORYS (2009), Non-Tariff Measures in EU-US Trade and Investment – An Economic Analysis. Study for the European Commission, DG Trade.

EGGER, P.; LARCH, M. (2011), An assessment of the Europe agreements' effects on bilateral trade, GDP, and welfare, European Economic Review, Elsevier, vol. 55(2).

ERIXON, F.; BAUER, M. (2010), A Transatlantic Zero Agreement: Estimating the Gains from Transatlantic Free Trade in Goods, European Centre for International Political Economy, ECIPE Occasional Paper No. 4/2010, Brussels.

EUROPEAN COMMISSION (2011), Trade and Investment Barriers Report, Brussels.

EFI (2014), Gutachten zu Forschung, Innovation und technologischer Leistungsfähigkeit Deutschlands 2014, Expertenkommission für Forschung, Entwicklung und technologischer Leistungsfähigkeit Deutschlands, Berlin.

FELBERMEYER, G.; PRAT, J.; SCHMERER, H. (2011). Globalization and labor market outcomes: Wage bargaining, search frictions, and firm heterogeneity, Journal of Economic Theory, Elsevier, Vol. 146(1), 39-73.

FONTAGE, L., J. GOURDON, JEAN, S. (2013), Transatlantic Trade: Whither Partnership, Which Economic Consequences? CEPII Policy Brief No. 1/2013.

FRANCOIS, J. et al. (2013), Reducing Transatlantic Barriers to Trade and Investment, London: CEPR (for the European Commission).

FROOT, K.A.; STEIN, J.C. (1991), Exchange Rates and Foreign Direct Investment: An Imperfect Capital Markets Approach, Quarterly Journal of Economics, 1191-1217.

GARCIA-LEGAZ, J., AND QUINLAN, J. (2013), TAFTA, The Case for an Open Transatlantic Free Trade Area. FAES Foundation for Social Studies and Analysis, Spain.

GED (2013), Transatlantic Trade and Investment Partnership (TTIP). Who benefits from a free trade deal? Global Economic Dynamics. Bertelsmann Foundation.

HÄBERLI, C., JANSEN, M., MONTEIRO, J.-A. (2012), Regional trade agreements and domestic labor market regulation, employment working paper no. 120, ILO, 11 May 2012.

HIGH LEVEL WORKING GROUP ON JOBS AND GOWTH (2013), Final Report vom 11.02.2013, http://trade.ec.europa.eu/doclib/docs/2013/february/tradoc_150519.pd f; aufgerufen am 17.12.2013.

IFO (2013a), Dimensionen und Auswirkungen eines Freihandelsabkommens zwischen der EU und den USA – Studie im Auftrag des Bundesministeriums für Wirtschaft und Technologie, Endbericht, München.

IFO (2013b), Bertelsmann Stiftung (2013), Bundesländer, Branchen und Bildungsgruppen, Wirtschaftliche Folgen eines Transatlantischen Freihandelsabkommens (THIP) für Deutschland, Mikroökonomische Analyse (erstellt von Felbermayr, G.; Lehwald, S., Schoof, U.; Ronge, M.), Bertelsmann Stiftung, Gütersloh.

IFO (2013c), Die Transatlantische Handels- und Investitionspartnerschaft (THIP) – wem nutzt ein transatlantisches Freihandelsabkommen? – Studie im Auftrag der Bertelsmann-Stiftung.

IG METALL (2013), Mehr Wachstum und Wohlstand durch liberalisierten Außenhandel? Wirtschaftspolitische Informationen, Nr. 03/August 2013.

IHS (2014), A More Competitive Energiewende: Securing Germany's Global Competitiveness in a New Energy World, Information Handling Services, Frankfurt

IRAWAN, T.; WELFENS, P.J.J. (2014), Transatlantic Trade and Investment Partnership: Sectoral and Macroeconomic Perspectives for Germany, the EU and the US, International Economics and Economic Policy, Heft 3, im Druck.

KLEIN, M.; ROSENGREN, E. (1992), Foreign Direct Investment Outflow from the United States: An Empirical Assessment, in: Klein, M.; Welfens, P.J.J., eds., Multinationals in the New Europe and Global Trade, Heidelberg and New York: Springer, 65-87.

KOMMERSKOLLEGIUM (2012), Potential Effects from an EU-US Free Trade Agreement – Sweden in Focus, Stockholm.

KUTLINA-DIMITROVA, Z., LAKATOS, C. (2013), Assessing the economic impacts of the EU-Singapore FTA with a dynamic general equilibrium model, International Economics and Economic policy, im Druck.

LANGHAMMER, R. (2012), TAFTA: Der endgültige Abschied von der Doha-Runde, in: ifo Schnelldienst, 6/2013, S. 10-12.

LUDWIG, T. (2013), Transatlantische Absprache, Handelsblatt, 30. Dezember, S. 8, Düsseldorf.

LÜBCKE, B.; PIAZOLO, D. (1998), Wohlfahrtseffekte einer nordatlantischen Handelsliberalisierung, Kiel Working Papers, No. 885, Institut für Weltwirtschaft, Kiel.

OECD (Organisation for Economic Co-operation and Development) (2013), The Transatlantic Trade and Investment Partnership: Why does it matter?, Paris.

RODRIK, D. (2011), The Globalization Paradox – Democracy and the Future of the World Economy, London: W.W. Norton & Company Ltd.

SCHIESSEL, M. (2014), Der Freifahrtschein, DER SPIEGEL 4/2014 (digital), Hamburg.

SCHOTT, J.J.; CIMINO, C. (2013), Crafting a Transatlantic Trade and Investment Partnership: What Can Be Done, Peterson Institute for International Economics, Policy Brief Paper PB 13-8, Washington DC.

SEMERAK, V. (2013), Transatlantic Trade and Investment Partnership: Perspectives, Obstacles, and Implication for the Czech Republic. Association for International Affairs Policy Paper 4/2013.

SIERRA CLUB (2013), The Transatlantic Free Trade Agreement: What's at Stake for Communities and the Environment, Washington.

SINN, W. (2005), Die Basar-Ökonomie. Deutschland: Exportweltmeister oder Schlusslicht?, 2. Auflage, Berlin: Econ.

STEPHAN, S.; LÖBBING, J. (2013), Außenhandel der EU-27 – Eine regionale und sektorale Analyse, IMK Report 83, Düsseldorf, Juni 2013.

WATKINS, B. (2013), Bridging the Atlantic: The State of Free Trade Negotiations between the US and EU. Association for International Affairs Policy Paper 2/2013.

WELFENS, P.J.J. (2009), Transatlantische Bankenkrise, Stuttgart: Lucius.

WELFENS, P. J. J., PERRET, J. K. and ERDEM, D. (2010): „Global Economic Sustainability Indicator: Analysis and Policy Options for the Copenhagen Process", International Economics and Economic Policy 7, 153-185.

WELFENS, P.J.J. (2011), Innovations in Macroeconomics, 3rd revised and enlarged edition, Heidelberg: Springer.

WELFENS, P.J.J. (2012), Die Zukunft des Euro, Berlin: Nicolai.

WELFENS, P.J.J. (2013), Nachhaltige Überwindung der Eurokrise, Stuttgart: Lucius.

WELFENS, P.J.J.; IRAWAN, T. (2013), Transatlantic Trade Perspectives in the Context of TTIP: Looking at Gross Exports and Value-added Exports of EU Countries plus Related Import Data, EIIW Paper No. 209, Europäisches Institut für internationale Wirtschaftsbeziehungen (EIIW) an der Bergischen Universität Wuppertal.

WELFENS, P.J.J. (2014), Europäische Soziale Marktwirtschaft, Stuttgart: Lucius.

WELFENS, P.J.J.; PERRET, J. (2014), Information & communication technology and true real GDP: economic analysis and findings for selected countries, International Economics and Economic Policy, DOI 10.1007/s10368-013-0261-8 (public access).

Anhang 1: Ausgewählte Wirtschaftsdaten für die USA und die EU

Tabelle 18: US-EU bilateral trade in goods and services, 2006-12 (billions of dollars)

US exports to the European Union					US imports from the European Union					
			Total exports				Total imports			
Year	Goods	Services	Billions of US dollars	Percent of US global exports	Goods	Services	Billions of US dollars	Percent of US global imports	Two-way goods and service trade[a]	Goods and services trade balance
2006	216	146	362	24.8	333	128	461	20.8	822.8	-99.8
2007	249	176	425	25.7	359	142	501	21.3	926.0	-75.9
2008	277	194	471	25.6	372	153	526	20.7	996.9	-54.2
2009	225	175	400	25.3	284	137	420	21.5	820.2	-20.4
2010	243	175	418	22.7	322	139	461	19.7	878.8	-43.2
2011	273	190	463	22.0	373	150	523	19.6	986.2	-59.8
2012[b]	270	194	463	21.1	384	150	534	19.5	997.5	-70.6

Two-way trade calculated as the sum of exports and imports of goods and services
2012 aggregate trade figures include preliminary data for quarter IV.
Note: Trade figures are revised as of March 2013 and not seasonally adjusted
Quelle: US Bureau of Economic Analysis

Tabelle 19: Foreign direct investment (FDI) stock by industry, 2011 (billions of $ and percent)

Industry	Stock of US FDI in EU-27		Stock of EU-27 FDI the United States	
	Billions of dollars	Percent of global US FDI, by sector	Billions of dollars	Percent of FDI in the United States, by sector
Mining	15	7.8	n.a.	n.a.
Manufacturing	245	41.6	563	67.2
Food	24	45.6	19	45.4
Chemicals	68	51.5	147	72.7
Primary and fabricated metal	9	45.2	28	64.0
Machinery	20	41.4	67	89.7
Computers and electronic products	27	31.1	31	47.9
Electrical equipment, appliances, and components	12	55.8	13	55.7
Transportation equipment	23	38.5	47	50.7
Other manufacturing	61	36.9	211	71.7
Wholesale trade	69	35.4	148	47.7
Retail trade	n.a.	n.a.	33	64.4
Information	66	51.9	123	83.4
Depository institutions	56	51.6	81	53.0
Finance (except depository) and insurance	375	48.2	253	67.2
Real estate and rental leasing	n.a.	n.a.	22	46.2
Professional, scientific, and technical services	52	57.9	55	62.2
Holding companies (nonbank)	1,085	60.0	n.a.	n.a.
Other industries	133	48.4	296	55.2
All industries total	**2,094**	**50.4**	**1,573**	**61.8**

n.a. = not applicable; Notes: US direct investment position reported on a historical-cost basis. 2011 preliminary figures revised as of August 2012. Quelle: US Bureau of Economic Analysis, zitiert nach SCHOTT, J.J.; CIMINO, C. (2013), Crafting a Transatlantic Trade and Investment Partnership: What Can Be Done, Peterson Institute for International Economics, Policy Brief, Washington D.C,.

Tabelle 20: Electricity prices for industry in US dollars/toe in current US dollars

	1978	1980	1990	2000	2007	2008	2009	2010	2011	2012
Australia	311.8	357.9	534.3	525.3	..	..	..	..	..	..
Austria	459.2	588.8	760.2	444.8	1561.0	1791.8	..	..	..	..
Belgium	518.1	673.6	814.9	555.1	..	1611.6	1613.8	1447.7	1610.6	1472.2
Canada	177.4	227.7	435.4	446.3	736.1	813.6	684.6	812.7	..	..
Chile	..	..	..	553.2	1326.1	1984.6	1830.9	1762.2	1794.3	1473.2
Czech Republic	..	..	343.3	499.6	1341.1	1758.9	1717.2	1673.1	1859.7	1684.6
Denmark	569.5	580.8	723.6	670.8	1172.9	1509.6	1286.6	1330.0	1339.2	1211.0
Estonia	..	..	..	..	..	926.7	981.6	1083.3	1174.6	1174.0
Finland	543.5	633.4	734.2	449.0	946.6	1126.6	1133.0	1102.9	1321.4	1208.0
France	376.9	557.9	655.6	415.8	1072.0	1218.9	1240.7	1243.6	1413.2	1352.6
Germany	551.4	669.6	1061.4	471.5	1266.3	1499.4	1622.7	1579.4	1828.2	1729.2
Greece	312.2	493.0	756.8	491.7	..	1305.6	1324.7	1324.5	1460.2	1555.1
Hungary	..	..	864.6	566.5	1561.7	1972.6	1857.4	1542.7	1597.3	1529.8
Ireland	437.4	592.7	785.8	569.1	1733.6	2161.5	1964.8	1585.6	1772.0	1804.6
Israel	..	..	..	745.0	948.4	1306.0	1120.7	1007.6	1127.1	1252.2
Italy	501.8	757.7	1134.6	1034.2	2755.7	3369.9	3211.0	3001.1	3247.8	3392.9
Japan	723.8	1005.3	1421.4	1665.0	1348.3	1619.6	1834.6	1795.3	2081.8	2258.9
Korea	497.8	943.7	813.0	599.6	807.7	699.7	672.1	..	..	..
Luxembourg	406.5	546.9	..	..	..	1344.7	1586.4	1336.8	1370.4	1298.8
Mexico	256.1	355.4	465.0	591.4	1187.0	1465.1	1002.5	1209.8	1341.5	1334.2
Netherlands	362.3	688.4	608.1	663.4	1404.1	1545.3	1612.2	1349.9	1377.6	1273.4
New Zealand	215.4	320.4	396.4	325.4	795.4	830.7	755.8	832.8	1015.6	1097.0
Norway	135.3	212.0	408.8	226.0	559.5	739.1	682.3	857.2	827.5	669.3
Poland	..	..	295.0	428.9	958.8	1386.8	1392.3	1399.8	1415.9	1332.4
Portugal	313.3	527.7	1141.5	779.1	1497.3	1526.6	1481.3	1398.4	1617.9	1712.8
Slovak Republic	241.3	284.1	339.3	491.3	1583.0	2022.2	2264.8	1966.7	2075.4	1973.8
Slovenia	..	..	..	..	..	1506.2	1563.3	1411.5	1469.6	1369.4
Spain	325.4	515.3	1132.4	495.1	1041.7	1455.3	1199.5	1533.5	1729.9	..
Sweden	334.7	467.4	579.6	..	881.0	1108.7	961.8	1119.7	1211.6	1037.1
Switzerland	596.3	654.9	1036.5	803.3	972.9	1090.3	1087.7	1304.8	1530.5	1514.4
Turkey	715.1	704.9	954.0	929.7	1264.5	1613.9	1600.5	1754.9	1612.1	1723.5
United Kingdom	441.6	729.8	822.0	644.2	1510.2	1697.0	1561.5	1407.7	1505.7	1560.1
United States	324.4	429.1	552.3	534.9	743.5	794.0	792.0	789.4	793.1	778.8
OECD	423.2	579.0	772.4	681.5	1089.6	1270.3	1238.8	1288.1	1431.7	..

Quelle: IEA (2013), Electricity Information 2013

Anhang 2: Detailed consumption of intermediate inputs - observed sectors in the US

Domestic intermediate inputs

Fabricated metal products, except machinery and equipment (14.3%)
Basic metals (11.5%)
Machinery and equipment n.e.c. (9.4%)
Wholesale trade services, except of motor vehicles and motorcycles (8.4%)
Other domestic intermediate inputs (41.8%)

Imported intermediate inputs

Basic metals (3.3%)
Machinery and equipment n.e.c. (2.9%)
Other imported intermediate inputs (8.4%)

Anhang 3: Detailed consumption of intermediate inputs in the EU (Irawan/Welfens, 2014)

Machinery and equipment n.e.c.

Domestic intermediate inputs

Machinery and equipment n.e.c. (17.1%)
Fabricated metal products, except machinery and equipment (14.5%)
Basic metals (8.1%)
Wholesale trade services, except of motor vehicles and motorcycles (7.4%)
Other domestic intermediate inputs (43.9%)

Imported intermediate inputs

Machinery and equipment n.e.c. (3.0%)
Computer, electronic and optical products (1.5%)
Other imported intermediate inputs (4.5%)

Abbildung 11:   **Structure of input of selected sectors in Germany**

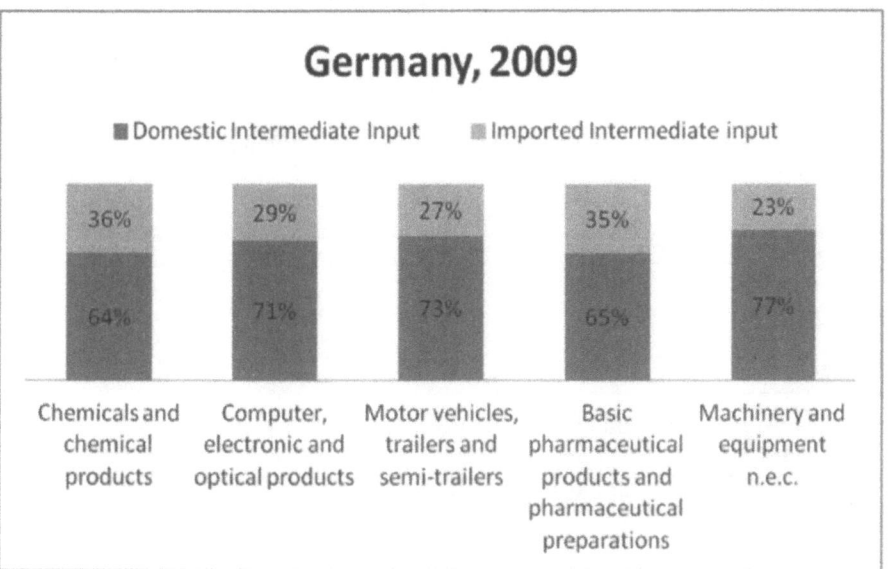

Abbildung 12:   **Structure of input of selected sectors in the EU**

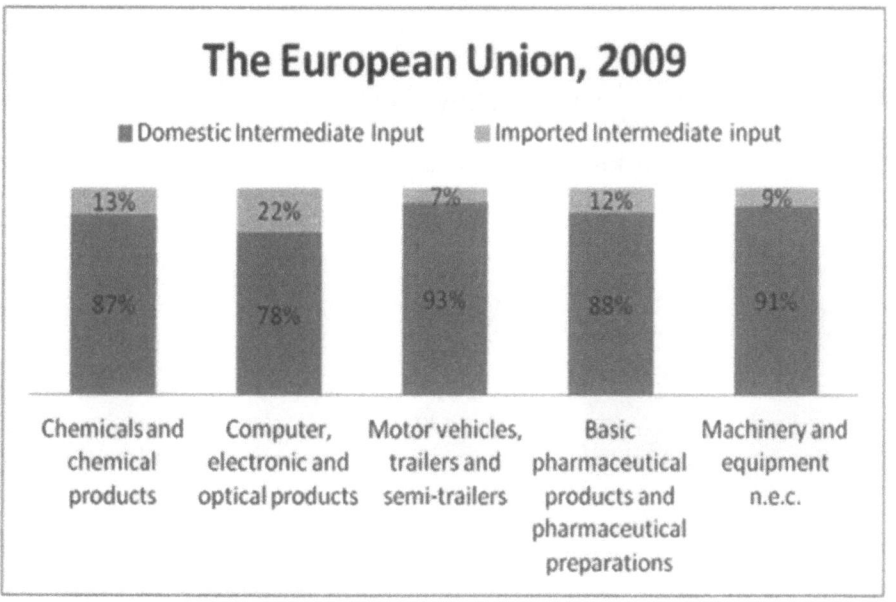

Abbildung 13:   Structure of input of selected sectors in the US

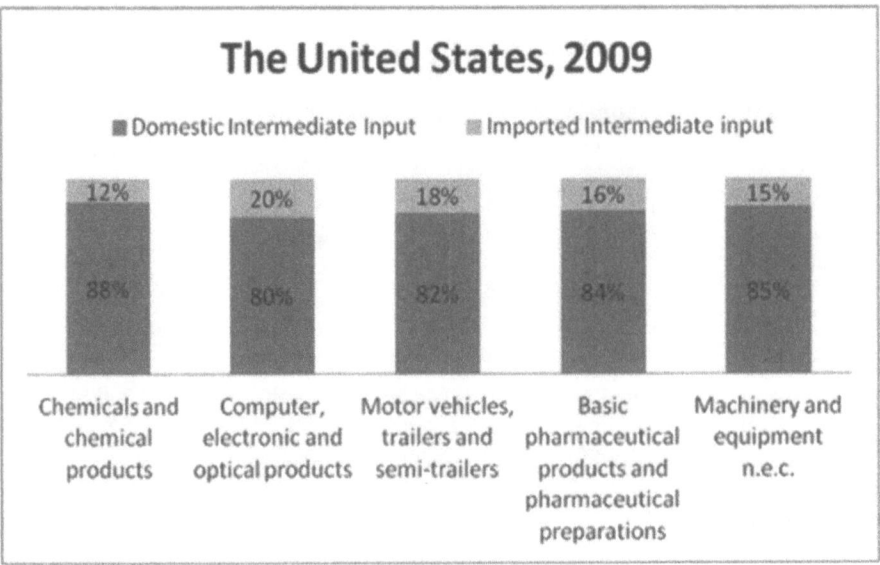

Abbildung 14:   Structure of output of selected sectors in Germany

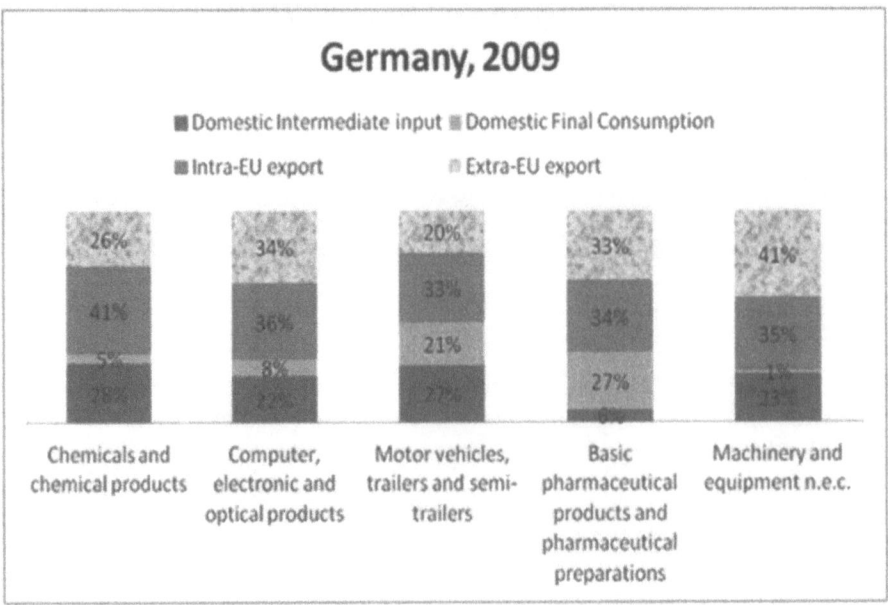

Abbildung 15: Structure of output of selected sectors in the EU

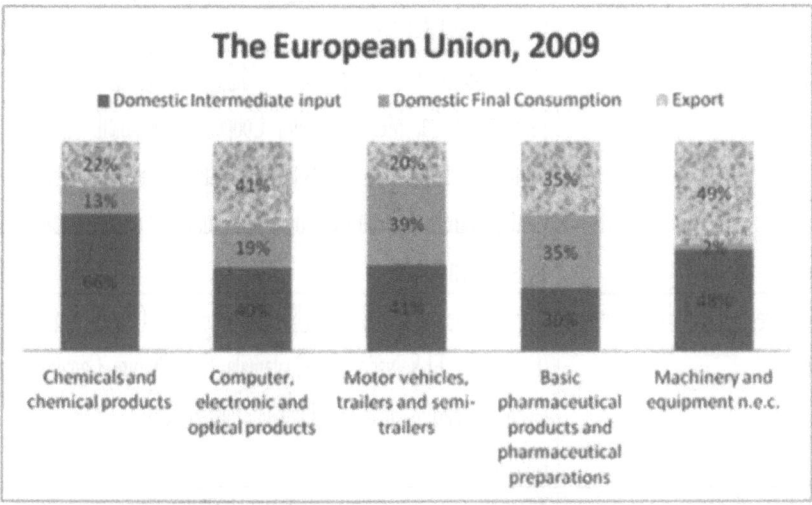

Abbildung 16: Structure of output of selected sectors in the US

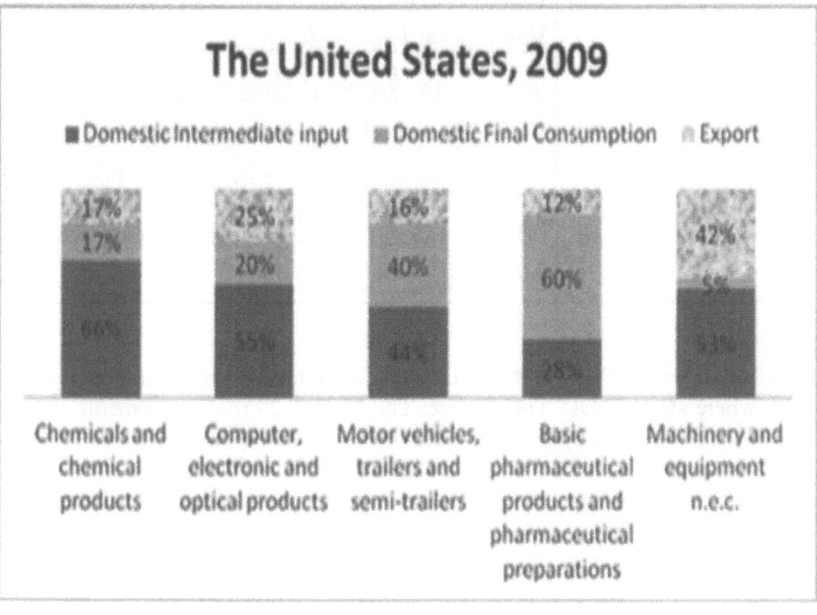

Tabelle 21:   EU's bilateral trade and investment agreements

	Countries and Regions
On-going negotiations	United States of America, Japan, Malaysia, Vietnam, Thailand, Morocco, India, Mercosur, Gulf Cooperation Council, African, Caribean and Pacific Countries (ACP), Eastern African Community (EAC), Sothern African Development Community (SADC), rest of Sub-Saharan Africa
Free Trade Agreements finished but not yet applied	Armenia, Georgia, Moldova, Ukraine, Singapore, Central America (Costa Rica, El Salvador and Guatemala, Cote d'Ivoire, Cameroon, Ghana, Sothern African Development, Eastern African Community, Canada
Forthcoming negotiations	Agreement on investment protection with China
Free Trade Agreements already in place	Colombia, Peru, Central America (Honduras, Nicaragua and Panama), South Korea, Mexico, South Africa, Chile, Andorra, San Marino, Turkey, Faroe Islands, Norway, Iceland, Switzerland, the former Yugoslav Republic of Macedonia, Albania, Montenegro, Bosnia and Herzegovina, Serbia, Algeria, Egypt, Israel, Jordan, Lebanon, Morocco, Palestinian Authority, Syria, Tunisia, Iraq, Papua New Guinea, Fiji, Madagascar, the Seychelles, Mauritius, Zimbabwe, CARIFORUM States

Quelle: EUROPEAN COMMISSION (2013), The EU's bilateral trade and investment agreements – where are we?, DG Trade. Note: The EU has 29 trade agreements already in place. This does not include Syria as trade provisions are not applied.

Anhang 4: CEPII-Szenarios zu TTIP

Tabelle 22:   Reference scenario – Impact on GDP and sectoral value added

	Total (GDP)	Value added		
		Agricultural	Industry	Services
USA	0,3	1,90	0,5	0,2
EU27	0,3	-0,8	0,6	0,5
Of which				
Germany	0,4	-1,6	0,9	0,4
UK	0,4	-2,3	0,4	0,5
France	0,2	-0,7	0,5	0,3
Enlargment	0,2	0	0,4	0,3

Quelle: FONTAGE, L., J. GOURDON, JEAN, S. (2013), Transatlantic Trade: Whither Partnership, Which Economic Consequences? CEPII Policy Brief No. 1/2013, 11.

Tabelle 23:   Alternative scenarios – Exports and real income

	Ref	Alternative Scenarios			
		1. Tariffs only	2. Targeted NTM cuts	3. Harmonization spillovers	4. Alternative NTMs
USA	10,1	2,1	10,4	14,5	5,4
EU 27	2,3	0,4	1,9	3,4	1,3
Of which					
Germany	2,1	0,3	1,7	3,0	1,2
Uk	4,2	0,6	3,6	5,5	2,4
France	2,6	0,5	2,2	3,8	1,5
Enlargement	1,3	0,3	0,8	2,5	0,7
			Real income		
USA	0,3	0,0	0,3	0,5	0,2
EU 27	0,3	0,0	0,2	0,5	0,1
Of which					
Germany	0,3	0,0	0,3	0,5	0,2
UK	0,3	0,0	0,2	0,4	0,1
France	0,2	0,0	0,2	0,4	0,1
Enlargement	0,2	0,0	0,1	0,5	0,1

Quelle: FONTAGE, L., J. GOURDON, JEAN, S. (2013), Transatlantic Trade: Whither Partnership, Which Economic Consequences? CEPII Policy Brief No. 1/2013, 11

Anhang 5: Bruttoexporte und Wertschöpfungsexporte sowie Bruttoimporte und Wertschöpfungsimporte

Die Analyse der Handelsdaten auf Basis der neuen TiVA-Datenbank von Weltbank/OECD zeigt, dass die US-Bruttoexportquote einiger EU-Länder relativ hoch ist, während die Wertschöpfungsexportquote (Bruttoexporte minus ausländische Vorprodukte/Bruttoinlandsprodukt) deutlich geringer ausfällt, wie die relevanten Tabellen im Anhang zeigen. Hohe Bruttoexportquoten (Exporte inklusive der ausländischen Vorleistungen) in 2009 – für dieses Jahr sind Wertschöpfungsexportquoten zum Vergleich verfügbar – wurden in Irland mit 13,9%, Luxemburg mit 11,7%, Malta mit 10%, Estland mit 4,5%, Dänemark mit 4,3% und Vereinigtes Königreich mit 4,2% verzeichnet. Deutschland erreichte 3%, den geringsten Wert unter den datenmäßig verfügbaren EU-Ländern wiesen Spanien, Rumänien und Polen mit 1,3%, 1,1% und 1% auf. Da man auf Basis der Verwendungsgleichung (mit c für Konsumquote, I für Investitionen, G für Staatsverbrauch, Ex für Exporte, J für Importe, $q^*:=eP^*/P$ für realen Wechselkurs bzw. e für nominalen Wechselkurs, P Preisniveau, * Auslandsvariable) und des Bruttoinlandsproduktes $Y = cY(1-\tau) + I(...) + G + X(...) -q^*J(...)$ für die Wachstumsrate (g_Y) des Bruttoinlandsproduktes (mit $c'=c(1-\tau)$, $v:= I/Y$; $G/Y:= \gamma$ schreiben kann $(1- c' - v - \gamma + j - v)g_Y = xg_X$ gilt für den Wachstumsbeitrag der Exporte, dass sich dieser aus der Exportquote multipliziert mit der Exportwachstumsrate ergibt (x ist die durchschnittliche Exportquote); dabei ist hier angenommen, dass die Importfunktion $J= jY/q^*$ gilt, wobei q^* der reale Wechselkurs ist und dass Investitionen und Staatsverbrauch mit der Wachstumsrate von Y wachsen. Man beachte allerdings, dass $dg_Y/dg_X = x/(1- c' - v - \gamma + j - v)$, was bedeutet, dass die Erhöhung der Wachstumsrate der Exporte – unter den gemachten Annahmen – zu einer gleich starken Erhöhung der Wachstumsrate des Bruttoinlandsproduktes führt.

Da man $X = Xus + X'$ schreiben kann, wobei Xus die Exporte in die USA bezeichnen und X' die anderen Exporte, gilt $gX = (Xus/X)gXus + (X'/X)gX'$; da man Xus/X auch schreiben kann als $(Xus/Y)/(X/Y)$ kann der Wachstumseffekt der Exporte in die USA ausgedrückt werden als $(Xus/Y)/x$. Wenn z.B. der Anteil der Exporte Xus/X nach USA 0,10, die durchschnittliche Exportquote 0,5 und die Wachstumsrate der Exporte in die USA 50% - etwa über eine Dekade gerechnet -, so beträgt der Wachstumsbeitrag auf Basis der Betrachtung der Bruttoexporte hier $(0,1/0.5)50\% = 10\%$; das wäre pro Jahr etwas weniger als 1%.

Die Wertschöpfungsexportquote mit Blick auf die US-Exporte war in 2009 relativ hoch in Malta mit 6,4%, im Vereinigten Königreich mit 3,5%, Litauen mit 3,1% und Irland mit 3%; Deutschland verzeichnete 2,0%. Die niedrigsten Werte ergaben sich für die Slowakische Republik, Polen und die Tschechische Republik mit 0,4%, 0,33% und 0,25%. Hohe Wertschöpfungsexportquoten bedeuten, dass ein US-Wirtschaftsaufschwung stark positiv auf die Konjunktur des betreffenden Landes wirkt. Bei Deutschland steht mit einer Wertschöpfungsexportquote von 2,0 ein relativ geringer Wert zu Buche. Allerdings sollte man nicht vergessen, dass die US-Wirtschaft, die für etwa 25% der Weltwirtschaft – gemessen als Anteil am Welt-Bruttosozialprodukt – steht, bei einem Konjunkturaufschwung deutlich positiv auf das Bruttoinlandsprodukt vieler OECD-Länder wirkt. Der Einfluss der US-Wirtschaft auf die Entwicklung des deutschen Bruttoinlandsproduktes ist also sicherlich deutlich höher als Deutschlands US-Nettoexportquote von 2% anzeigt. Irlands Wertschöpfungsexporte von 3% bei den USA ist viel geringer als die Bruttoexportquote von 13,9%. Bei Deutschland ist der Unterschied bei den entsprechenden Werten mit 3% bzw. 2% viel geringer; das aber liegt u.a. daran, dass Exporteure aus Deutschland sich einen hohen Anteil der Vorleistungen üblicherweise aus dem Inland besorgen, während die Exporteure des kleinen Landes Irlands sich relativ häufig auf ausländische Vorlieferanten auf der Zulieferseite verlassen werden. Da es wohl bei den Wertschöpfungsexportquoten wie bei den Bruttoexportquoten von EU-Ländern im Handel mit den USA große Unterschiede gibt, werden durch eine transatlantische Handelsliberalisierung ausgelöste positive Realeinkommenseffekte unterschiedlich stark auf die EU-Länder wirken. Auf Basis der Wertschöpfungsexportquoten kann man eine Hälfte von 13 EU-Ländern als eher stark vom US-Einkommensanstieg betroffen klassifizieren (Deutschland auf Rang 10, gefolgt von Österreich, Griechenland und Italien); die meisten osteuropäischen EU-Länder und die Kohäsionsländer Spanien und Portugal liegen in der unteren Ländergruppe (hier sind auch Frankreich und die Niederlande verzeichnet). Geht man davon aus, dass mit einem Anstieg des realen Bruttoinlandsproduktes auch eine Erhöhung von US-Direktinvestitionen in Europa ausgeht, so sind allerdings Länder wie Frankreich und Niederlande als starke Empfängerländer von US-Direktinvestitionen in der EU in einer zweiten Linie auch positiv betroffen. Für Deutschland und Großbritannien als zwei traditionell wichtige US-Investitionsziele gilt das ohnehin. Dennoch sollte man nicht übersehen, dass TTIP nicht zu einer homogenen Expansion des Bruttoinlandsproduktes bzw. der Realeinkommen in den EU-Ländern führen wird. In einer Sekundär-Wirkungsperspektive dürften insbesondere auch die Länder noch als „Gewinnerländer" einzustufen sein, für die Deutschland und Großbritannien wichtige Exportmärkte darstellen. Dabei können auch osteuropäische Länder dann auf der Gewinnerseite stehen, nämlich entweder als Zulieferer von Vorprodukten für deutsche oder britische Exportgüter Richtung USA oder weil der Realeinkommensanstieg in Deutschland oder Großbritannien zu verstärkter Nachfrage nach

Endprodukten aus Osteuropa führt. Wenn man die Relation von Bruttoexporten zu Wertschöpfungsexporten betrachtet, dann liegen beim Export nach USA Luxemburg mit 8,2, Tschechische Republik mit 5,6, die Slowakische Republik mit 4,8 und Irland mit 4,6 sowie Ungarn mit 4,5 auf den ersten fünf Rängen; Deutschland verzeichnete 1,5 und das Vereinigte Königreich 1,2.

Die höchste US-Bruttoimportquote verzeichneten Irland mit 20,0%, Luxemburg mit 10,3%, Malta mit 7,8%, Niederlande mit 4,2% und das Vereinigte Königreich sowie Estland mit 3,6% bzw. 3,1%. Deutschland verzeichnete 2,3%; die Wertschöpfungsimportquote lag bei 2%. Die Unterschiede zwischen Bruttoimportquote und Wertschöpfungsimportquote bei Importen von EU-Ländern aus den USA sind generell relativ gering, da die US-Exporteure sich auf der Vorleistungsebene typischerweise bei inländischen Unternehmen Vorprodukte einkaufen. Im Übrigen kann hier darauf verwiesen werden, dass ein Teil der Bruttoexporte der USA wie der Wertschöpfungsexporte der USA aus europäischen Tochterfirmen mit Produktionsstandort Vereinigte Staaten kommt.

Tabelle 24: Gross Export of EU Countries to the US (as Percentage of GDP)

Ranking	Country	2009	Country	2008	Country	2005	Country	Changes 09-05
1	Ireland	13.93%	Ireland	13.47%	Ireland	15.29%	Luxembourg	2.58%
2	Luxembourg	11.70%	Luxembourg	10.59%	Malta	9.21%	Malta	0.75%
3	Malta	9.96%	Malta	9.99%	Luxembourg	9.11%	United Kingdom	0.13%
4	Estonia	4.47%	Estonia	5.19%	Estonia	7.09%	Belgium	0.07%
5	Denmark	4.25%	Denmark	4.66%	Sweden	6.30%	Denmark	0.06%
6	United Kingdom	4.19%	United Kingdom	4.27%	Lithuania	5.03%	Spain	-0.22%
7	Lithuania	3.97%	Sweden	4.12%	Latvia	4.74%	Poland	-0.35%
8	Sweden	3.89%	Belgium	4.05%	Denmark	4.19%	Slovenia	-0.42%
9	Belgium	3.87%	Lithuania	3.83%	United Kingdom	4.06%	France	-0.45%
10	Latvia	3.50%	Germany	3.58%	Greece	3.94%	Finland	-0.48%
11	Germany	2.97%	Austria	3.39%	Germany	3.82%	Austria	-0.50%
12	Austria	2.90%	Latvia	3.15%	Belgium	3.79%	Italy	-0.65%
13	Hungary	2.74%	Greece	3.15%	Hungary	3.79%	Portugal	-0.66%
14	Netherlands	2.63%	Netherlands	3.09%	Slovak Republic	3.68%	Netherlands	-0.70%
15	Finland	2.60%	Finland	3.03%	Austria	3.40%	Bulgaria	-0.77%
16	Slovenia	2.22%	Hungary	3.01%	Netherlands	3.33%	Germany	-0.85%
17	Bulgaria	2.19%	Slovak Republic	2.63%	Finland	3.08%	Romania	-1.02%
18	Greece	2.17%	Bulgaria	2.62%	Czech Republic	3.02%	Hungary	-1.05%
19	Italy	1.87%	Italy	2.37%	Bulgaria	2.96%	Lithuania	-1.06%
20	France	1.85%	Slovenia	2.32%	Slovenia	2.64%	Latvia	-1.24%
21	Slovak Republic	1.73%	France	2.20%	Italy	2.52%	Ireland	-1.36%
22	Czech Republic	1.47%	Portugal	1.78%	France	2.30%	Czech Republic	-1.55%
23	Portugal	1.40%	Czech Republic	1.74%	Romania	2.08%	Greece	-1.77%
24	Spain	1.30%	Spain	1.42%	Portugal	2.06%	Slovak Republic	-1.94%
25	Romania	1.06%	Romania	1.14%	Spain	1.52%	Sweden	-2.41%
26	Poland	0.98%	Poland	1.00%	Poland	1.33%	Estonia	-2.62%

Source: WTO-OECD TIVA Database

Tabelle 25: Value Added Export of EU Countries to the US (as Percentage of GDP)

Ranking	Country	2009	Country	2008	Country	2005	Country	Changes 09-05
1	Malta	6.42%	Malta	5.28%	Ireland	5.45%	Malta	1.28%
2	United Kingdom	3.48%	United Kingdom	3.57%	Sweden	5.17%	Luxembourg	0.52%
3	Lithuania	3.09%	Estonia	3.57%	Malta	5.14%	Belgium	0.47%
4	Ireland	3.00%	Ireland	3.42%	Estonia	4.38%	United Kingdom	0.11%
5	Estonia	2.94%	Denmark	3.19%	Lithuania	4.11%	Denmark	0.08%
6	Denmark	2.94%	Lithuania	2.94%	Latvia	3.92%	Spain	-0.11%
7	Latvia	2.67%	Sweden	2.88%	United Kingdom	3.37%	Slovenia	-0.36%
8	Sweden	2.49%	Greece	2.66%	Greece	3.34%	Romania	-0.44%
9	Belgium	2.16%	Germany	2.49%	Germany	2.93%	Austria	-0.45%
10	Germany	2.01%	Latvia	2.43%	Denmark	2.86%	France	-0.47%
11	Austria	1.94%	Austria	2.28%	Austria	2.39%	Poland	-0.49%
12	Greece	1.76%	Belgium	2.03%	Bulgaria	2.31%	Italy	-0.49%
13	Italy	1.54%	Italy	1.92%	Slovak Republic	2.18%	Netherlands	-0.75%
14	Luxembourg	1.43%	Finland	1.63%	Finland	2.08%	Finland	-0.77%
15	Bulgaria	1.38%	France	1.50%	Italy	2.03%	Portugal	-0.79%
16	Finland	1.31%	Bulgaria	1.44%	Hungary	1.79%	Germany	-0.92%
17	France	1.17%	Portugal	1.26%	Portugal	1.76%	Bulgaria	-0.92%
18	Slovenia	1.10%	Netherlands	1.13%	Belgium	1.70%	Lithuania	-1.02%
19	Portugal	0.97%	Slovak Republic	1.05%	France	1.64%	Hungary	-1.19%
20	Spain	0.95%	Spain	1.01%	Czech Republic	1.58%	Latvia	-1.24%
21	Netherlands	0.72%	Slovenia	0.95%	Netherlands	1.47%	Czech Republic	-1.33%
22	Romania	0.71%	Hungary	0.86%	Slovenia	1.46%	Estonia	-1.44%
23	Hungary	0.60%	Romania	0.78%	Romania	1.15%	Greece	-1.58%
24	Slovak Republic	0.36%	Luxembourg	0.59%	Spain	1.06%	Slovak Republic	-1.81%
25	Poland	0.33%	Czech Republic	0.45%	Luxembourg	0.91%	Ireland	-2.44%
26	Czech Republic	0.25%	Poland	0.40%	Poland	0.82%	Sweden	-2.68%

Source: WTO-OECD TIVA Database

Tabelle 26: Gross Import of EU Countries from the US (as Percentage of GDP)

Ranking	Country	2009	Country	2008	Country	2005	Country	Changes 09-05
1	Ireland	20.04%	Ireland	16.23%	Ireland	15.96%	Ireland	4.08%
2	Luxembourg	10.31%	Luxembourg	10.26%	Luxembourg	8.72%	Luxembourg	1.59%
3	Malta	7.84%	Malta	9.45%	Malta	8.24%	Sweden	0.62%
4	Netherlands	4.16%	Netherlands	4.31%	Estonia	4.55%	United Kingdom	0.55%
5	United Kingdom	3.58%	Estonia	4.20%	Netherlands	3.82%	Hungary	0.52%
6	Estonia	3.51%	Belgium	3.78%	Belgium	3.48%	Bulgaria	0.44%
7	Belgium	3.33%	United Kingdom	3.50%	Latvia	3.39%	Netherlands	0.34%
8	Hungary	3.27%	Denmark	3.41%	Lithuania	3.14%	Slovenia	0.26%
9	Denmark	2.94%	Bulgaria	3.31%	United Kingdom	3.04%	Denmark	0.20%
10	Sweden	2.94%	Slovenia	3.25%	Romania	2.83%	Finland	0.17%
11	Slovenia	2.64%	Hungary	3.01%	Hungary	2.75%	Poland	0.14%
12	Latvia	2.54%	Latvia	2.90%	Denmark	2.74%	Spain	0.00%
13	Finland	2.35%	Lithuania	2.71%	Slovenia	2.39%	France	-0.01%
14	Bulgaria	2.27%	Finland	2.60%	Germany	2.36%	Portugal	-0.01%
15	Germany	2.26%	Sweden	2.53%	Sweden	2.32%	Germany	-0.10%
16	Greece	2.12%	Germany	2.51%	Greece	2.30%	Italy	-0.11%
17	Lithuania	2.10%	Greece	2.47%	Czech Republic	2.27%	Austria	-0.12%
18	Czech Republic	1.99%	Slovak Republic	2.20%	Slovak Republic	2.27%	Belgium	-0.14%
19	France	1.93%	Czech Republic	1.99%	Finland	2.18%	Greece	-0.18%
20	Slovak Republic	1.92%	France	1.96%	France	1.94%	Czech Republic	-0.28%
21	Austria	1.67%	Austria	1.85%	Bulgaria	1.84%	Slovak Republic	-0.35%
22	Poland	1.50%	Spain	1.66%	Austria	1.79%	Malta	-0.40%
23	Spain	1.46%	Poland	1.42%	Spain	1.46%	Latvia	-0.85%
24	Italy	1.15%	Italy	1.37%	Poland	1.35%	Lithuania	-1.03%
25	Romania	1.15%	Portugal	1.30%	Italy	1.27%	Estonia	-1.04%
26	Portugal	1.14%	Romania	1.24%	Portugal	1.16%	Romania	-1.68%

Source: WTO-OECD TIVA Database

Tabelle 27: Value Added Import of EU Countries from the US (as Percentage of GDP)

Ranking	Country	2009	Country	2008	Country	2005	Country	Changes 09-05
1	Ireland	18.92%	Ireland	15.27%	Ireland	14.99%	Ireland	3.93%
2	Luxembourg	9.89%	Luxembourg	9.73%	Luxembourg	8.31%	Luxembourg	1.58%
3	Malta	6.50%	Malta	8.48%	Malta	7.66%	Sweden	0.73%
4	Netherlands	3.95%	Netherlands	4.03%	Estonia	4.13%	United Kingdom	0.52%
5	United Kingdom	3.24%	Estonia	3.62%	Netherlands	3.55%	Hungary	0.50%
6	Estonia	3.12%	Belgium	3.38%	Belgium	3.16%	Bulgaria	0.47%
7	Hungary	3.01%	United Kingdom	3.14%	Latvia	2.96%	Netherlands	0.39%
8	Belgium	2.98%	Bulgaria	3.08%	Lithuania	2.85%	Slovenia	0.31%
9	Denmark	2.66%	Denmark	3.06%	United Kingdom	2.73%	Finland	0.23%
10	Sweden	2.62%	Slovenia	3.02%	Romania	2.63%	Denmark	0.20%
11	Slovenia	2.48%	Hungary	2.72%	Hungary	2.51%	Poland	0.17%
12	Latvia	2.28%	Latvia	2.56%	Denmark	2.46%	Portugal	0.03%
13	Finland	2.17%	Lithuania	2.41%	Slovenia	2.16%	Spain	0.02%
14	Bulgaria	2.09%	Finland	2.34%	Greece	2.14%	France	0.02%
15	Greece	2.01%	Greece	2.30%	Germany	2.03%	Germany	-0.03%
16	Germany	2.00%	Germany	2.16%	Slovak Republic	2.00%	Austria	-0.09%
17	Lithuania	1.88%	Sweden	2.14%	Czech Republic	1.99%	Italy	-0.10%
18	Czech Republic	1.80%	Slovak Republic	1.94%	Finland	1.94%	Greece	-0.13%
19	France	1.78%	France	1.78%	Sweden	1.89%	Belgium	-0.18%
20	Slovak Republic	1.75%	Czech Republic	1.75%	France	1.76%	Czech Republic	-0.19%
21	Austria	1.41%	Spain	1.54%	Bulgaria	1.62%	Slovak Republic	-0.25%
22	Poland	1.38%	Austria	1.52%	Austria	1.50%	Latvia	-0.68%
23	Spain	1.36%	Poland	1.28%	Spain	1.34%	Lithuania	-0.97%
24	Portugal	1.04%	Portugal	1.16%	Poland	1.21%	Estonia	-1.01%
25	Romania	1.02%	Italy	1.16%	Italy	1.10%	Malta	-1.16%
26	Italy	0.99%	Romania	1.07%	Portugal	1.01%	Romania	-1.61%

Source: WTO-OECD TIVA Database

Tabelle 28: Ratio of Gross Export and Value Added Export of EU Countries to the US

Ranking	Country	2009	Country	2008	Country	2005
1	Luxembourg	8.183	Luxembourg	17.836	Luxembourg	10.022
2	Czech Republic	5.854	Ireland	3.935	Ireland	2.807
3	Slovak Republic	4.787	Czech Republic	3.864	Netherlands	2.261
4	Ireland	4.639	Hungary	3.513	Belgium	2.238
5	Hungary	4.548	Netherlands	2.725	Hungary	2.120
6	Netherlands	3.640	Poland	2.508	Czech Republic	1.909
7	Poland	2.924	Slovak Republic	2.506	Romania	1.814
8	Slovenia	2.022	Slovenia	2.442	Slovenia	1.807
9	Finland	1.986	Belgium	1.999	Malta	1.792
10	Belgium	1.787	Malta	1.891	Slovak Republic	1.688
11	Bulgaria	1.581	Finland	1.860	Poland	1.622
12	France	1.581	Bulgaria	1.822	Estonia	1.617
13	Sweden	1.564	Austria	1.489	Finland	1.482
14	Malta	1.551	France	1.468	Denmark	1.464
15	Estonia	1.518	Denmark	1.462	Spain	1.440
16	Romania	1.499	Romania	1.461	Austria	1.422
17	Austria	1.494	Estonia	1.455	France	1.404
18	Germany	1.480	Germany	1.442	Germany	1.305
19	Denmark	1.446	Sweden	1.432	Bulgaria	1.283
20	Portugal	1.445	Portugal	1.413	Italy	1.241
21	Spain	1.373	Spain	1.403	Lithuania	1.225
22	Latvia	1.309	Lithuania	1.301	Sweden	1.219
23	Lithuania	1.288	Latvia	1.294	Latvia	1.209
24	Greece	1.235	Italy	1.234	United Kingdom	1.206
25	Italy	1.219	United Kingdom	1.197	Greece	1.180
26	United Kingdom	1.203	Greece	1.182	Portugal	1.167

Source: WTO-OECD TIVA Database

Tabelle 29: Ratio of Gross Import and Value Added Import of EU Countries from the US

Ranking	Country	2009	Country	2008	Country	2005
1	Malta	1.205	Austria	1.213	Sweden	1.224
2	Austria	1.189	Italy	1.184	Austria	1.196
3	Italy	1.161	Sweden	1.181	Germany	1.162
4	Romania	1.131	Estonia	1.162	Italy	1.155
5	Germany	1.129	Germany	1.162	Latvia	1.146
6	Estonia	1.126	Romania	1.161	Portugal	1.143
7	Belgium	1.120	Czech Republic	1.139	Czech Republic	1.140
8	Sweden	1.119	Slovak Republic	1.135	Bulgaria	1.135
9	Lithuania	1.117	Latvia	1.132	Slovak Republic	1.134
10	Latvia	1.114	Lithuania	1.122	Finland	1.126
11	Denmark	1.105	Portugal	1.121	Poland	1.122
12	Czech Republic	1.104	Belgium	1.120	Denmark	1.114
13	United Kingdom	1.104	United Kingdom	1.117	United Kingdom	1.113
14	Portugal	1.099	Malta	1.114	Slovenia	1.105
15	Slovak Republic	1.095	Denmark	1.112	France	1.104
16	Bulgaria	1.087	Finland	1.111	Estonia	1.103
17	Finland	1.086	Hungary	1.108	Belgium	1.102
18	Hungary	1.086	Poland	1.107	Lithuania	1.099
19	France	1.085	France	1.101	Hungary	1.098
20	Poland	1.084	Spain	1.078	Spain	1.090
21	Spain	1.074	Bulgaria	1.076	Malta	1.076
22	Slovenia	1.068	Greece	1.076	Romania	1.076
23	Ireland	1.059	Slovenia	1.074	Netherlands	1.075
24	Greece	1.055	Netherlands	1.069	Greece	1.073
25	Netherlands	1.053	Ireland	1.063	Ireland	1.064
26	Luxembourg	1.042	Luxembourg	1.055	Luxembourg	1.049

Source: WTO-OECD TIVA Database

Kurzfassung

Die Europäische Union und die USA haben am 8. Juli in Washington DC Verhandlungen über eine transatlantische Freihandelszone (Transatlantic Trade and Investment Partnership Agreement) begonnen, wobei auch Direktinvestitionsaspekte einbezogen werden. Der Fokus der Verhandlungen zwischen den USA und der EU ist im Wesentlichen die Liberalisierung des Außenhandels tarifäre und nichttarifäre Handelshemmnisse, Regelsetzungen für grenzüberschreitende Investitionen und eine Öffnung des staatlichen Beschaffungswesens (High Level Working Group on Jobs and Growth (2013)). Die Analyse richtet sich auf die Erfassung der absehbaren Handels-, Direktinvestitions-, Wachstums- und Beschäftigungseffekte in mittel- und langfristiger Sicht, wobei auch einzelne gewichtige Sektoren betrachtet werden: Automobilsektor, Chemie, Pharma, Maschinenbau, IKT-Produktion. Der Sektor der Informations- und Kommunikationstechnologie hat eine gewichtige Rolle als Querschnittstechnologie. Mit berücksichtigt werden dabei sektorale Vor- und Rückwärtsverflechtungen sowie die Struktur der in- und ausländischen Vorprodukte. Sektorale Anpassungsprozesse dürften im Bereich der Automobilwirtschaft und im Chemiesektor relativ unproblematisch sein, da sich ein hoher intra-sektoraler Vorlieferungsanteil zeigt, wobei die Wertschöpfungs- bzw. Produktionsstrukturen auf der Vergleichsebene EU und USA deutlich ähnlicher sind als beim Vergleich Deutschland mit USA. Auffällig ist in fast allen Sektoren, dass auf der Vorleistungsebene juristische und Controlling-Dienstleistungen in den USA eine recht große Rolle spielen, was sicherlich den Rahmenbedingungen bzw. dem US-Rechtssystem geschuldet ist. Wenn sich die EU-Länder bzw. die Firmen in der EU hier nicht im Kontext der Schaffung eines integrierten transatlantischen Marktes zusätzliche Kostenbelastungen aufgebürdet sehen wollen, wird es wichtig sein, bei den Verhandlungen mit den USA auf eine angemessene bzw. wachsende Rolle der europäischen Rechtsansätze und der entsprechenden institutionellen Regelungen zu achten. Deutschland wie die EU sind in ihren hier betrachteten Industriesektoren stärker auf den Weltmarkt ausgerichtet als die USA, wo ein großer Teil der Produktion in den inländischen Konsum oder auf inländische Vorleistungsmärkte fließt. Der Chemiesektor und die Automobilindustrie haben in der USA und der EU sowie in Deutschland markant positive Rückwärtsverflechtungen – d.h., dass eine Erhöhung der Produktion um eine Einheit im betrachteten Sektor die Produktion in rückwärtigen, vorgelagerten Sektoren um mehr als eine Einheit erhöhen; das gilt zudem in Deutschland und der EU für den IKT-Produktionssektor (hier inklusive Optische Produkte definiert). Bei nachgelagerten Sektoren ist eine markante Verflechtung nur für den Fall der USA und der EU im Chemiesektor festzustellen. Die Entwicklung des Chemiesektors ist wegen der starken ökonomischen Bedeutung auf vor- und nachgelagerten Sektoren für die USA und die EU sehr bedeutsam; für Deutschland gilt das mit Blick auf die erheblichen Rück-wärtsverflechtungseffekte etwas abgeschwächt. Eine 20%-Erhöhung der Exporte des Chemiesektors in Deutschland lässt gesamtwirtschaftlich zusätzliche Arbeitsplätze in einer Größenordnung von 129 000 Arbeitsplätzen erwarten, wovon rund 55 000 im Chemiesektor entstehen. Im IKT-Sektor bedeutet eine 20%-Exporterhöhung ein Plus von 116 000 Arbeitsplätzen, wovon 65 000 in diesem Sektor selbst entstehen werden. Bei einem solchen Exportanstieg im Automobilsektor entsteht eine zusätzliche Job-Zahl von 379 000, wobei 160 000 im Sektor selbst zu erwarten sind. Bei einem 20%-Anstieg der Exporte des Pharmasektor beträgt der entsprechende gesamtwirtschaftliche Anstieg der Arbeitsplätze 54000, wovon 24 000 auf den Sektor selbst entfallen. Im Sektor Maschinenbau werden bei einem 20%-Exportplus 359 000 neue Jobs entstehen, davon 194 000 in diesem Sektor selbst. Wenn in allen betrachteten Sektoren die Exporte um 20% ansteigen, so erhöht sich die Zahl der Arbeitsplätze um gut 800 000, wobei sich im Bereich der qualifizierten Arbeitskräfte bei einer solchen Größenordnung sektorale Engpässe ergeben könnten – die Herausforderungen für das Bildungs-bzw. Ausbildungssystem sind also erheblich. Zugleich zeigt sich, dass ein transatlantisches Freihandelsabkommen bei einem hohen Plus bei Arbeitsplätzen in wichtigen Industriesektoren für Fortschritte bei der Reduzierung der Arbeitslosigkeit sehr wichtig ist.

Diese illustrativen Berechnungen sollte man nicht als selbstverständliches generelles Positivszenario für eine erste Dekade nach erfolgreichen transatlantischen Liberalisierungsgesprächen interpretieren, denn unter ungünstigen Bedingungen bzw. bei unzureichenden Weichenstellungen der Wirtschaftspolitik auf regionaler, nationaler und EU-Ebene kann sich auch ein Rückgang der Exporte oder zumindest ein wesentlich geringerer Anstieg der Exporte ergeben als für den hier betrachteten exemplarischen Standardfall berechnet; zudem könnten die US-Exporte in den betrachteten Sektoren bzw. auf Seiten Deutschlands bzw. der EU die Importe aus den USA deutlich ansteigen. Es liegt an den Akteuren der Wirtschaftspolitik, mit der Herausforderung einer neuen transatlantisch integrierten Freihandelszone vernünftig umzugehen und rechtzeitig komplementäre Reformen vorzunehmen. Im Übrigen kann aus deutscher Sicht auch nicht übersehen werden, dass sich im Kontext eines mittelfristig generell verschärften Wettbewerbs im EU-Binnenmarkt, auch neue Spannungen in der Eurozone ergeben könnten – jedenfalls dann, wenn die EU-Kommission zusammen mit den EU-Mitgliedsländern nicht frühzeitig über sinnvolle Begleitimpulse von Seiten der Wirtschaftspolitik bzw. institutionelle Reformen nachdenkt und entsprechende Aktivitäten dann auch rechtzeitig umsetzt. Der Innovationswettbewerb wird nach dem Start einer transatlantischen Freihandelszone weiter zunehmen.

Mit dem in einer transatlantischen Freihandelszone erwarteten Anstieg der Exporte im Maschinenbau, bei der IKT-Produktion und dem Pharma-Sektor ist ein deutlicher Anstieg der Nachfrage nach qualifizierten Arbeitskräften verbunden; dies gilt für die Automobilwirtschaft eingeschränkt ganz ähnlich. Die Fachkräfteknappheit wird bei einem erfolgreichen Abschluss der transatlantischen Handelsgespräche in Deutschland langfristig weiter zunehmen. Von daher sind neue Qualifizierungsinitiativen, Bildungsreformen und Verbesserungen in der Berufsbildung sowie tarifvertraglich vereinbarte Weiterbildungsmaßnahmen zu erwägen und auch verstärkte Anstrengungen für eine rechtzeitige und effiziente Qualifizierung von Zuwanderern sind wünschenswert.

Wenn man die sektoralen Produktions- und Beschäftigungseffekte einer transatlantischen Freihandelszone betrachtet, dann steigt die Produktion am stärksten in der Automobilindustrie (+1,6%), gefolgt vom Pharmasektor (+0,88%), dem Chemiesektor (+0,84%) und dem Maschinenbausektor (+0,8%). Für die IKT-Produktion wird ein Rückgang von 0,17% erwartet. Entsprechend sind Beschäftigungsexpansionseffekte in der Automobilwirtschaft von rund 13000, in der Chemieindustrie von 2800 und im Pharmabereich von 1100 sowie 8300 im Maschinenbausektor zu erwarten. Bei der IKT-Produktion könnten etwa 700 Jobs wegfallen, da die Produktion leicht rückläufig ist.

Es liegen bereits einige Untersuchungen zur transatlantischen Handelsdynamik bzw. den Perspektiven eines transatlantischen Handels- und Investitionsabkommens vor, wobei jedoch unter anderem die Betrachtung sektoraler Vorwärts- und Rückwärtsverbindungen fehlt. Es ist für die Einschätzung der Bedeutung einzelner Sektoren besonders wichtig zu verstehen, ob durch Vor- und Rückwärtsverflechtungen sich starke oder schwache Zusatzeffekte jenseits der eigentlichen Sektoreffekte ergeben.

Zu untersuchen sind im Industriebereich ausgewählte Sektoren (dieser ist besonders gewichtig, hinzu kommen im Übrigen transatlantische Bankdienstleistungen, die eine besondere Bedeutung als Vorleistung haben und für die ökonomische Entwicklung bzw. die Transatlantische Krise 2008/09 von besonderer Bedeutung waren):

- Die Struktur der transatlantischen Handelsbeziehungen, wobei die Exporte relativ zum Bruttoinlandsprodukt ebenso dargestellt werden, wie die Wertschöpfungsexporte als Anteile am Bruttoinlandsprodukt – hier wird auf die neue OECD-Tiva-Datenbank zurückgegriffen. Die besonders gewichtigen Sektoren werden identifiziert und auch bezüglich ihrer Exportdurchschnittserlöse analysiert.

- Die Rolle tarifärer und nichttarifärer Handelshemmnisse wird thematisiert. Während in der EU-Zollunion die Außenzollsätze für alle EU-Länder gleich hoch sind, kann man dies bei den nichttarifären Handelsbarrieren nicht annehmen; denn es gibt durchaus national unterschiedliche nichttarifäre Handelsbarrieren. Es gibt zwar eine von der Europäischen Kommission finanzierte Studie (ECORYS, 2009), die einheitliche Nichttarifäre Handelshemmnisse annimmt, aber das ist eine grobe Vereinfachung. Ohne besondere nationale Untersuchungen kann man allerdings immerhin vermuten, dass die Bedeutung nichttarifärer Handelshemmnisse von der Ländergröße abhängig ist (eine Ausnahme könnte der Militärsektor sein, da hier der Staat als einziger Nachfrager auftritt); kleine Länder haben einerseits wegen des geringen Heimatmarktes in bestimmten kritischen Sektoren oft nur kleine oder bisweilen gar keine inländischen Anbieter und Marktmacht kann eine kleine offene Volkswirtschaft ohnehin in der Regel keine realisieren. In großen Volkswirtschaften können in sehr vielen Sektoren mehrere Anbieter – oft auch große inländische Firmen – aktiv sein und der Anreiz, über das nationale politische System importerschwerende nationale Regulierungen zu setzen, ist von daher relativ groß.

- Die besondere Bedeutung der Setzung von Standards in den Sektoren Automobilindustrie, Chemie, Pharma-Sektor, IKT-Produktion und Maschinenbau wird analysiert.

- Sektorale Expansionseffekte im Kontext einer Exportsteigerung. Da der transatlantische Handel vor allem intra-industriell ist, sind Wettbewerbsintensivierungseffekte zu erwarten.

- Entwickelt werden schließlich Politikvorschläge, die aus Sicht deutscher und europäischer Interessen als Handlungsoptionen mit Blick auf die Industrie zu empfehlen sind, wobei ausgewählte Aspekte der Euro-Krise mit berücksichtigt werden.

Anders als die Mehrzahl der vorliegenden Studien werden in der vorliegenden Analyse transatlantische Wettbewerbsintensivierungs- und Direktinvestitionsaspekte thematisiert, wobei Direktinvestitionen multinationaler Unternehmen aus deutscher und US-Sicht gewichtig sind. Es ist im Interesse der USA und der EU bzw. Deutschlands, dass die Möglichkeiten zur besseren Nutzung von Skalenvorteilen und zum Abbau von Bürokratie- und Regulierungskosten sinnvoll genutzt werden. Zugleich ist aber darauf zu achten, dass ein Investitionsschutzabkommen nicht zum Einfallstor für ungerechtfertigte Forderungen oder Blockaden von Großunternehmen wird. Das Verfahren zur Streitschlichtung zwischen Investoren und Staaten (ISDS) ist hier ein kritischer Punkt, da ein Schiedsgericht neuer Art eingeführt werden soll. Die Frage der ILO-Standards ist transatlantisch ebenfalls zu thematisieren.

Band 7: Paul J .J. Welfens

Nachhaltige Überwindung der Eurokrise

Marktdynamik und Politikoptionen

2013. XXVIII/222 S., kt. € 54,-. ISBN 978-3-8282-0582-6

Die staatlichen Refinanzierungskrisen in Ländern der Eurozone sind in Verbindung mit Bankenkrisen und Rezessionsentwicklungen im Süden der Währungsunion zu einem ernsten Problem geworden; zumal das Euro-Krisenmanagement über Jahre unzureichend und widersprüchlich war. Die vorliegende Studie greift die Kernfragen zur Eurokrise auf und zeigt auf Basis theoretischer Analysen und statistischer Befunde, welche Problemlagen insgesamt entstanden sind und wie man die Krise nachhaltig überwinden kann. Bestimmte Positionierungen und Aussagen zur Euro-Debatte werden hier als unfundiert zurückgewiesen; Wert wird auf eine differenzierte und theoretisch begründete Analyse als Basis rationaler Wirtschafspolitik gelegt. Die vorliegenden Argumente leuchten die Reformoptionen aus und betonen die Notwendigkeit, Schritte hin zur Euro-Politikunion zu gehen. Zahlreiche Problemlösungsvorschläge werden vorgelegt.

Band 6: Paul J. J. Welfens

Cluster- und Innovationsdynamik in Europa

Neue Perspektiven der Automobil- und IKT-Wirtschaft

2011. XII/542 S., kt. € 76,-. ISBN 978-3-8282-0544-4

In den Sektoren Automobilwirtschaft und Informations- & Kommunikationstechnologie haben sich im Zuge der EU-Osterweiterung, der Globalisierung und der Technologieintensivierung der Produktion starke Veränderungen in West- und Osteuropa ergeben. Die Bedeutung der Clusterdynamik, den fortschreitenden Strukturwandel und Fragen der internationalen Wettbewerbsfähigkeit thematisieren die vorliegenden Beiträge. Mit Hilfe der Sozialen Netzwerkanalyse werden Patentdaten ausgewertet und Strukturmerkmale bzw. Anpassungs- und Innovationsprozesse ausgewählter Regionen erfasst. Zahlreiche neue Befunde für die Automobil- bzw. IKT-Wirtschaft in verschiedenen Regionen und Ländern werden diskutiert und Schlussfolgerungen – auch aus einer IKT-Umfrage – dargelegt. Implikationen für die Wirtschaftspolitik und die Unternehmen werden herausgearbeitet.

$_{et}$ Stuttgart

ORDO

Jahrbuch für die Ordnung von Wirtschaft und Gesellschaft
Band 64

Begründet von Walter Eucken und Franz Böhm

Herausgegeben von

Hans Otto Lenel, Thomas Apolte, Norbert Berthold, Clemens Fuest, Walter Hamm, Wolfgang Kerber, Martin Leschke, Ernst-Joachim Mestmäcker, Wernhard Möschel, Josef Molsberger, Christian Müller, Peter Oberender, Ingo Pies, Razeen Sally, Alfred Schüller, Viktor Vanberg, Christian Watrin

2013. X/584 S., geb. € 110,-. ISBN 978-3-8282-0591-8

Aus dem Inhalt

Theoretische Grundlagen

Thomas Döring
Keynes als Verhaltensökonom

Jörg Dötsch
Der Primat des Abstrakten. Überlegungen zu Prozessen der Selbstreferenz auf Märkten

Peter Deegen
Die Tharandter Theorien der forstlichen Nachhaltigkeit in der externen und in der erweiterten Ordnung

Christian Hecker
„Soziale Gerechtigkeit" als Befähigungsgerechtigkeit

Wirtschaftspolitik und Governance

Ute Schmiel
Gleichmäßigkeit der Ertragsbesteuerung

Markus Grottke / M. Kittl
Komplexität im Steuerrecht – Zentrale politökonomische Theorien im Lichte einer empirischen Ursachenforschung mit Hilfe von Process Tracing

Elmar Gerum / S.H. Mölls
Corporate Governance und Unternehmensfinanzierung

Hanno Beck / A. Beyer
Öffentlich-rechtlicher Rundfunk in der Krise

Wolfgang Ströbele
Ordnungspolitische und Sachprobleme der Energiewende

Klaus Schöler
Irrwege der Klimapolitik

Norbert Berthold / M. Coban
Mini- und Midi-Jobs in Deutschland. Lohnsubventionierung ohne Beschäftigungseffekte

Ordnung der Märkte

Matthias Lehmann
Die Ausgestaltung grenzüberschreitender Bankenaufsicht als ordnungspolitisches Problem

Florian Möslein
Die Trennung von Wertpapier- und sonstigem Bankgeschäft: Trennbankensystem, „ring-fencing" und Volcker-Rule

Jens-Hinrich Binder
Durchsetzung von Marktdisziplin mittels zwangsweiser Übertragung systemrelevanter Teile von Banken

Oliver Holtemöller
Explosive Preisentwicklung und spekulative Blasen auf Rohstoffmärkten

Sören Prehn / T. Glauben / I. Pies/M. Will/J.-P. Loy
Betreiben Indexfonds Agrarspekulation?

Vorträge und Stellungnahmen zur Ordnung der Wirtschaft und Gesellschaft

Walter Hamm
Das Elend mit den zu kurzen politischen Zeithorizonten

Manfred Streit
Politikversagen aus Unwissenheit – Zur Krise der europäischen Währungsunion

Peter Bernholz
Ordnungspolitik heute

Wernhard Möschel
Die Finanzkrise und der Ruf nach mehr Europa

Elmar Nass
Alternative für Europa: Vertrauen – Sozialethische Bemerkungen zur Target-Diskussion

Buchbesprechungen

 LUCIUS LUCIUS Stuttgart

Bei Fragen zur Produktsicherheit wenden Sie sich bitte an:
If you have any questions regarding product safety,
please contact:

Walter de Gruyter GmbH
Genthiner Straße 13
10785 Berlin
productsafety@degruyterbrill.com